諏訪の神さまに会いに行く

由緒と由来を知りたくて訪ね歩いた諏訪神社

北沢房子

まえがき

信州の諏訪湖の近くにある諏訪大社は、
全国各地に五千とも一万ともいわれる分社があります。
なぜ、どうやって、こんなに広がったのでしょうか。

全国の諏訪神社の由緒を調べてみると――、
坂上田村麻呂が開いたと伝わるところがあれば、
源頼朝が必勝祈願をかなえたお礼に祀ったところもありました。
海辺には漁師が勧請したという諏訪神社も、
航海の守護神として港の近くに祀られているところもあります。
山国の神さまが、なぜそんなことになっているのでしょう。
本家本元の信州よりも分社が多い県まであるではありませんか。
これは一体…。

あそこもここも、興味をそそられ居ても立ってもいられません。
そこで由緒の古そうな神社から現地を訪ねて、
一つずつ謎解きをしてみました。

諏訪の神さまに会いに行く　由緒と由来を知りたくて訪ね歩いた諏訪神社　―目次―

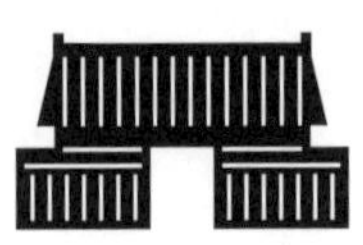

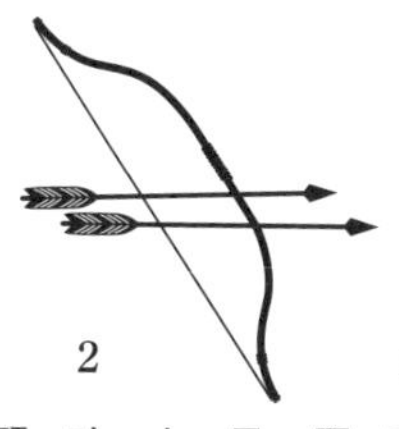

鎌倉の巻

京都の巻

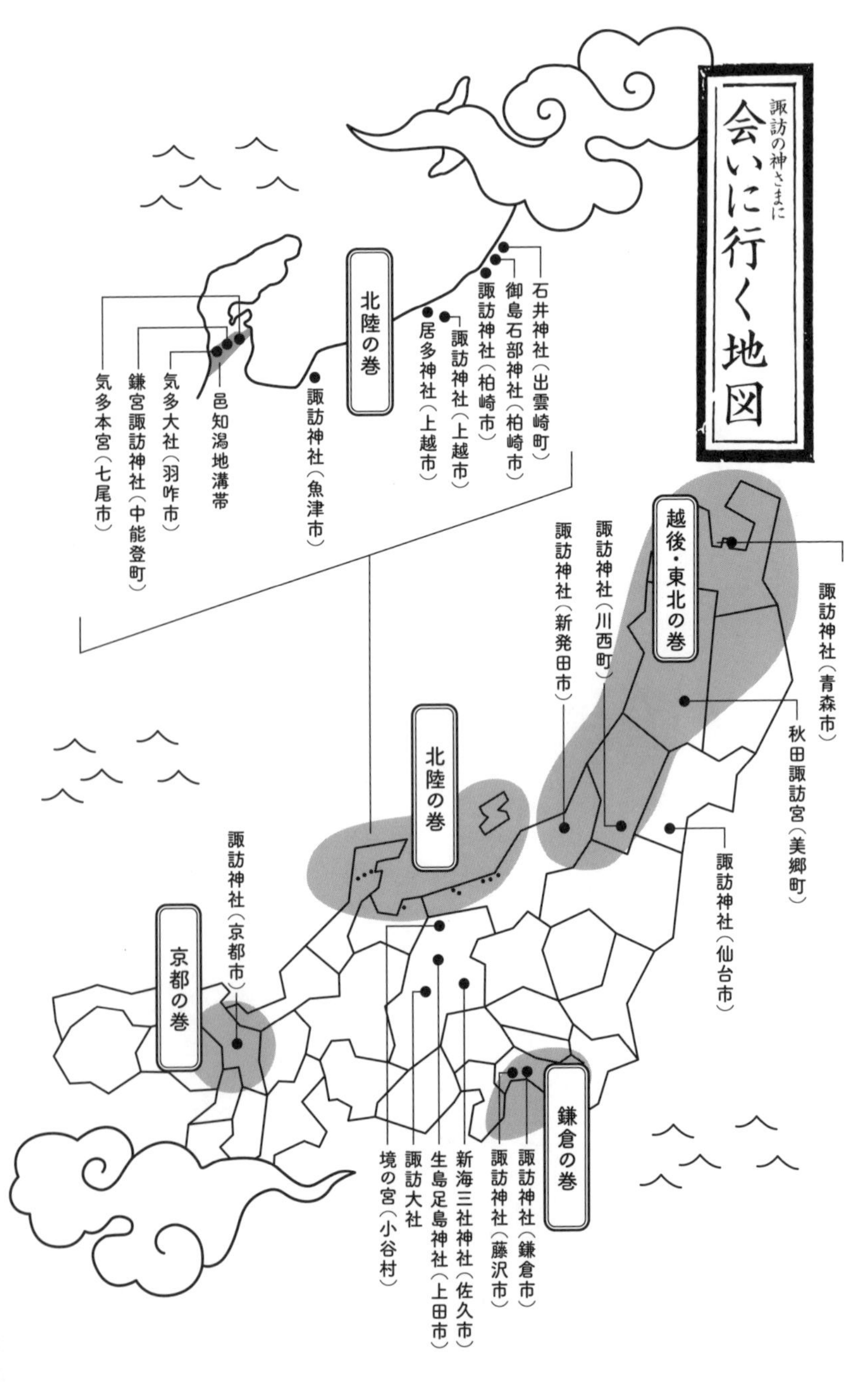
諏訪の神さまに
会いに行く地図
北陸の巻
石井神社（出雲崎町）
御島石部神社（柏崎市）
諏訪神社（柏崎市）
諏訪神社（上越市）
居多神社（上越市）
諏訪神社（魚津市）
邑知潟地溝帯
気多大社（羽咋市）
鎌宮諏訪神社（中能登町）
気多本宮（七尾市）
越後・東北の巻
諏訪神社（青森市）
秋田諏訪宮（美郷町）
諏訪神社（川西町）
諏訪神社（新発田市）
諏訪神社（仙台市）
北陸の巻
諏訪神社（京都市）
京都の巻
鎌倉の巻
諏訪神社（鎌倉市）
諏訪神社（藤沢市）
新海三社神社（佐久市）
生島足島神社（上田市）
諏訪大社
境の宮（小谷村）

北陸の巻

出雲の夢は
能登でひらく?

1 まずは能登半島へ

御神木が何本も

日本海に大きく突き出た能登半島。地図を眺めていると、ところどころに諏訪神社があるのが目につきます。七尾市、中能登町、羽咋市、宝達志水町…。全国に五千とも一万ともあるとされる諏訪神社は、鎌倉時代以降に軍神・狩猟神として勧請されたお宮が多いなかで、能登半島の諏訪神社はネットで調べる限りでも、古い由緒がありそうです。

なぜ能登に古い諏訪神社が多いのか。どんな諏訪の神さまに会えるのか。全国諏訪の神さま行脚の旅、まずは能登半島から行ってみることにしました。

富山市からカーナビを頼りに能登半島に乗り込み、最初に向かったのは半島中部、中能登町にある鎌宮（かまのみや）諏訪神社です。

静まり返った集落の細い道を行くと、ナビが指す目的地の辺りにこんもり茂った森が見えます。神社行脚で学んだのは、大きな森は神社の目印だということ。近づいていくと、大きなコンクリートの鳥居が立っていました。ここで間違いないようです。

神社の裏に車を止め、鳥居の正面に回ってのぞき込んだ境内には、拝殿も本殿もありません。参道のまっすぐ先の突き当たり、みずみずしく葉を輝かせているのが御神木でしょうか。聖域らしく玉垣に囲まれています。参道の右には大きなイチョウの木が2本。左には社務所を兼ねた集会所が建っています。

鳥居をくぐって御神木の前に進みます。神さびた老御神木は既に上部がなく、大きな空洞もできて、朽ちて苔むした木肌…。

「あっ、カマがある！」

思わず声が出ました。

御神木に打ち込まれているのは無数のカマ、カマ、カマ…。木の成長とともに埋まってコブになった先からも、錆（さ）びてボロボロに欠けたカマが顔を出しています。よく見ると、玉垣の内部には御神木が2本。左後方の明らかに新しい御神木にも、たくさんのカマが確認できました。

鎌宮諏訪神社宮司の梶井(かじい)重明さんによると、御神木はタブノキでクスノキ科の常緑高木。能登地方では榊(さかき)に代わって神事に使われてきたといいます。さらには防風樹としての用途もあれば、建築や家具に使われるのはもちろん、枝葉や樹皮に精油を含んで芳香があるので、線香や香料にも使われるというスグレモノ。でも、暖地の特に海岸近くに自生している木ということで、信州人にはなじみがありません。

御神木に刺さるカマは、毎年8月27日に行われる「お諏訪祭り」(「鎌祭り」「風祭り」とも)で打ち込まれてきたものだそうです。

「古い方の御神木に打ち込まれたカマは400~500あるでしょうか。年に1回2丁ずつ打ち込みますから、200年以上たっていますね」と梶井宮司。毎年カマが打ち込まれていれば、いくら御神木とはいえ、寿命を待たずに弱ってしまうこともあるでしょう。先代の御神木は昭和44年(1969)にお役目を終えたそうです。

当代の御神木もかなりな巨木です。先人が先を見越して用意していたのか。それともどこかから巨木を移植したのかな。

聞いてみると案の定、次の御神木として育てられていたそうです。「100年近くたっているのではないでしょうか」。奥さまの順子(よりこ)さんが、「タブノキも年々弱りますので、お金をかけて弱らないようにしたり、新しいタブノキを用意したり、見えない部分のご努力があるようです」と教えてくれました。氏子の皆さんが、一生懸命御神木の世話をしているようです。前の方には、2~3本タブノキの若木が育っていました。

先代の御神木に200年分のカマが打ち込まれているとなれば、江戸時代には既にカマ打ちが行われていたことになります。安永6年（1777）の序文がある『能登名跡志』にも、「此村に鎌の宮とてあり。毎年祭礼に、此宮の神木のたびの木に、氏人新しき鎌を打込也。此鎌次第に木中へ入て節と成也」との一文を見つけました。

江戸中期にも、カマ打ちの神事が行われていたならば、もう枯れてしまったとしても、先々代、先々々代の木があったと考えられます。

御神木に刺さるカマは「諏訪の薙鎌(なぎがま)」と呼ばれ、刃を外に向けて打ち込まれていました。「御神木に打ち込めるように、刃とは反対側の下先もとがっている」（梶井宮司）そうで、打ち込む時に金槌(かなづち)が当たる所があり、稲穂と紙垂(しで)を結び付ける穴もあいているとか。

諏訪系神社の祭りなどで目にする薙鎌は、鳥の頭形や竜・蛇形をしていますが、鎌宮の薙鎌は、一見したところ農具のカマそのものです。黒光りする薙鎌は、風を切る切れ味がよさそうだな、と思いました。

もともと諏訪信仰は自然信仰で、まずは風や水の神として信仰されていたと考えられているので、薙鎌の「なぎ」は、穏やかになる「和ぎ」や、風がやんで静まる「凪（なぎ）」に通じます。といっても、風を鎮める「風切り鎌」の信仰は、諏訪信仰に限らず古来各地にあった民俗で、屋根の棟にカマを打ち付けたり、竹竿の先にカマを結び付けて立てたりしていた地方もあるといいます。そういえば、鎌宮のお諏訪祭りの別名は「風祭り」。台風がピークの季節の二百十日（9月1日頃）を前に、風害を免れるように祈願して、豊作を祈ったのかもしれません。

鎌宮は江戸時代、能登国鹿島郡金丸（かねまる）村の正部谷（しょうぶだに）地区の産土神（うぶすながみ）だったそうです。正部谷には山辺家という旧家があり、本来は山辺家が村人を率いて神事を行ってきたとも考えられるというほどの家。少なくとも明治以降は、鎌宮の氏子総代でもあった山辺家が、鍛冶（かじ）職に「諏訪の薙鎌」を注文して作らせ、献納していました。

カマはこんな感じ
先代の御神木
現役の御神木
次世代を担う若木

ところが21世紀に入った頃、山辺家がこの地を去ります。その後は、正部谷集落として毎年2丁のカマを作り、奉納しているそうです。

集落としてカマを作り始めた頃は、氏子戸数が90戸あった正部谷ですが、現在70～80戸に減少。高齢化や過疎化が進み、立派な旧家の空き家や耕作されなくなった田畑が目につきます。しかしながら、「正部谷は旧金丸村で一番大きな集落なので、人口も多く、社殿がないので御神木を守ることに集中して、他の集落より一層熱が入っているような気がしています」と梶井宮司。御神木のカマは「随分昔は宮司が打っていた」そうですが、今はその年の宮当番の班長が烏帽子（えぼし）と狩衣（かりぎぬ）をつけて打っています。

鎌宮を訪ねたのは、その年のお諏訪祭りからひと月ほどがたった10月初旬。今年打ち込んだばかりのカマは2丁並んで黒く光り、真新しい稲穂と紙垂が紅白の水引で結わえられています。ちょうど御神木のタブノキの実も艶やかに黒く熟して、たくさん落ちていました。ここからまた次の御神木が育っていくのでしょうか。

参道脇の大イチョウもぷっくり太った見事なギンナンを参道一面にばらまいていて、ギンナンを踏まずに歩くのは至難の業でした。美味しそうなギンナンがザクザク落ちているのに取材中で拾えないのが心残りでしたが、車の中が靴底についたギンナンの匂いでいっぱいになるというオマケが付きました。

カマと御神木さえあれば

梶井宮司から勧められた『加賀・能登の民俗』は、能登の郷土史の研究者として知られ、加能民俗の会名誉会長でもあった小倉学さんの著書。石川県立図書館で見つけて読んでみると、能登の諏訪神社は海岸部に比較的多く分布し、内陸部の農村から山間の村落に至るまで祀られ、多くが地域の産土神だとありました。顕著な特徴として挙げられていたのが、次の3点です。

・多くのお宮がスワノモリと呼ばれるような杜(もり)の中にある。
・本殿を設けず、巨木(タブノキが多い)や霊石を御神体としている。

・風鎮めと豊作・豊漁を祈る神事を8月（もとは7月）27日に営んでいる。

鎌宮はまさにこの3点を網羅しています。

どうやらカマを御神木のタブノキに打ち込む神事とともに本殿を設けないのが、能登の諏訪神社の特徴らしく、カマを御神木のタブノキに打ち込む神事は、能登のほかの神社にもあって、同じ中能登町藤井の住吉神社と七尾市江泊町日室の諏訪神社でも行われていました。鎌宮諏訪神社を含めた3社の鎌打ち神事は、石川県の無形民俗文化財に指定されています。信州の諏訪大社も上社・下社ともに本殿がなく、山や木を御神体と仰ぐスタイルですが、能登はこうした諏訪信仰の古態をよく伝承している点で注目されているらしい。

住吉神社でなぜ鎌打ち神事を？　と思ったら、明治40年（1907）に同地の諏訪神社を合併したからでした。合併された諏訪神社はやはり本殿を設けずに御神木を祀り、カマを打ち込む神事を伝えていて、その神事を継承しています。

七尾市日室の諏訪神社にも本殿がなく、聖域のタブノキを御神木として祭りを行っていました。梶井宮司によると「富山湾に面した日室の諏訪神社でも、豊漁を祈って魚の形が彫り込まれた2丁のカマを御神木に打ち込む鎌祭りを、鎌宮諏訪神社と同じ日に行っています」。写真を見せてもらうと、カマに口や目、ウロコが彫り込んであって、どこか可愛い魚形。土地土地によって、カマの形が独自に進化しているようです。

ところで、明治40年頃から神社の合併整理を行う「神社合祀」が、国や地方官庁の主導で進められました。

『日本神道史』によると、「神社の数を減らして経費を集中させることで、一定基準以上の設備・財産を備えさせ、神社の継続的経営を確立させること」を目的に1村1社を目標として推進。強制的な神社合祀に対して、民俗学者の南方熊楠（みなかたくまぐす）や柳田國男が「伝統的な習俗を破壊する」と反対運動を起こし、議会も「地方の民心を衰退させる」と合祀政策の撤廃を訴えた結果、大正7年（1918）以降は強硬な合祀を控えるようになりました。

しかし、能登には鎌宮のような諏訪神社がたくさんあったために、明治の神社制度下で多くの社が「神社としての体裁をなしていない」と無格社になり、明治末期の神社合祀によって、大部分が整備された産土神社に合併されることにつながってしまった。鎌宮は明治41年（1908）、隣の宮地（みやじ）地区にある宿那彦神像石（すくなひこかみかたいし）神社へ強制的に合併されました。梶井宮司の本務社も、実は宿那彦神像石神社です。

強制合併され、祭神が隣の神社に合祀されてしまったにもかかわらず、鎌宮の氏子たちは鎌宮の神事を守り続けてきたのはなぜか。

それは、鎌宮の社地がそのまま残っていたからです。御神木とカマさえあれば、肝心の神さまがいなくても神事を続けることができる、というのはある意味で衝撃的でもありました。

太古の祭りとは、空の彼方から神さまを招いて祈願や感謝を捧げ、美食や歌舞で心尽くしのもてなしをしてはお帰りいただくことでした。神さまがやって来て依り付く目印が、御神木や磐座（いわくら）と呼ばれる巨石。そのうちに、祭りの時のような期間限定ではなくいつも身近にいてほしいというわけで、神さまの住まいとして本殿が造られるようになると、そういった古い信仰は忘れられていきます。ところが能登の鎌宮は、本殿を造ることなく、しかも神さまが隣の神社に行ってしまっても、昔ながらの祭りを続けている。つまり、御神木がありさえすれば、何の支障もないわけです。

鎌宮のタブノキには今も、神さまがやって来ているかもしれない。ふとそう思って、鎌打ち神事の式次第を確認させてもらうと、「降神の儀　祝詞奏上　玉串拝礼」、その後に「昇神の儀」、そして「鎌打ちの儀」とありました。古来の神さまの上げ降ろしがやっぱりあった！　心の中で小躍りしているわたくしに、梶井宮司は「降神・昇神は、小声で他の人に聞こえないような感じでやりますけれど」と耳打ちしてくれました。

そもそもなぜカマを打つのか

それにしても、どうして御神木にカマを打つのでしょうか。

梶井家に江戸時代から伝わる「鎌宮洲端名神風祭　祝詞」を見せてもらいました。今もそれを簡略化してお諏訪祭りの時に奏上している〝現役〟の祝詞です。

諏訪の神は、毎年七月二十七日（旧暦）に吹く風は悪い気があると大層嫌われて、風鎮めのための神事をなさいました。

この教えに従って毎年七月二十七日の今日が生日（いくひ）の足日（たるひ）と定め、大神に願い奉ります。

今年の暴風を、力強く尊い神徳で守り鎮めたまえ。日和日（ひより）を並べて、五穀豊穣にして皆栄えさせたまえ。

今後荒ぶる災いをする者があれば、かつて大神たちが弥重鎌（やえ）の敏鎌（と）で、大蛇（おろち）化鳥（あやしどり）どもを草木をなぎ伏せ、刈り倒す如く征伐されたように、神威を現してことごとく打ち殺したまえ。

今日も神代からのならいどおり、新金（あらがね）の弥重鎌の敏鎌を作らせ清め、二刃並べて御前に持ち捧げ、ご覧いただきます。

この鎌を古代より神掟（みおきて）の如く神木に打ち納め、国内の安穏幸せを願い奉ります。

（「鎌宮洲端名神風祭　祝詞」より要約）


かつて大神たちが、カマで大蛇や化鳥を征伐したのにならって、カマを御神木に打ち納めると言っています。はて、大神たち？　鎌宮の祭神は、他の諏訪神社と同様「建（たけ）

御名方命」（以下タケミナカタ）なので、大神たちとはタケミナカタの一派でしょうか。聞き捨てならないのは、大蛇化鳥の方です。

鎌宮の鳥居前の案内板には、「建御名方命は、大己貴命の御子神で、大己貴命、少彦名命の二神と力をあわせ、邑知潟に住む毒蛇化鳥を退治、能登の国平定の神功をたてられた」とありました。

大己貴命は大国主命（以下オオクニヌシ）の別名で、出雲神話の主人公として地上界（葦原中国）の国造りを行った神さまです。オオクニヌシとともに国造りを進めたのが少彦名命（以下スクナビコナ）。梶井宮司のお宅から車で10分ほどの羽咋市にある能登国一宮の気多大社はオオクニヌシを、歩いて10分弱の宿那彦神像石神社でスクナビコナを祀っていて、鎌宮の祭神はタケミナカタ。国造りコンビが能登国を平定し、息子のタケミナカタも一枚かんでいたということか。

そういえば、祝詞の「大蛇化鳥」が、案内板では「邑知潟に住む毒蛇化鳥」と、その棲み処まで書かれています。邑知潟とは何でしょう。

梶井宮司によると、羽咋市と七尾市を結んで能登半島を横断する邑知潟地溝帯（低地帯）にあったという水深の浅い潟湖（せきこ）のことでした。断層の活動で出来た溝状の凹地帯の西部に、縄文海進（最終氷期以降の海面上昇に伴う海の浸入）で出来た巨大な入り江が、その後、砂州で入り江の口が閉じられて能登半島最大の潟湖が出来上がったというのですが、今の地図にはそんな大きな湖が見当たりません。

調べてみると、江戸期から米の増収と水害防止を目的に干拓が進められて、昭和27年（1952）からは国営事業として行われ、43年（1968）に完工していました。「昭和30年代くらいまでは、鎌宮諏訪神社のすぐ近くまで邑知潟が迫っていました。私の子供の頃はトロッコで土を運んで埋め立てていたのを覚えています。今は川みたいになっていますけど、邑知潟といって残っています」と梶井宮司。地図には確かに、羽咋川からそのまま邑知潟につながる水面がありました。真ん中あたりを南北に「邑知潟大橋」が渡っています。

改めて「鎌宮洲端名神風祭　祝詞」を読んでみました。

> 建御名方命は二十歳（はたち）前に能登へ渡ってこられた時から神力が大変強く、不思議な神術を用いて大風を吹かせたり大地震を起こしたり、それらをたちまち

化鳥
タケミナカタ
オオクニヌシ
スクナビコナ
やっちゃえ～!
シャー!
スパーン!!
毒蛇
大蛇

鎮めたりなど、神威を示されたので、諸神（もろがみ）たちはひれ伏した。父神より「汝（なんじ）は湖をよく守り、この里の耕作を専らに治めよ」と言われてからは、不思議な神術や荒々しいことを止め、八十年ここに鎮座されて国内を愛し見守られ、その後、父神のもとへ去られた。

（「鎌宮洲端名神風祭　祝詞」より要約）

若くして能登へやって来たタケミナカタが、神威をもって土地神たちを従わせ、開拓をして去った、という経歴が読み取れました。

父神のオオクニヌシからよく守るようにと言われた湖こそが能登半島最大の潟湖。そこに棲んでいた大蛇化鳥だの毒蛇化鳥だのを退治したのが、オオクニヌシとタケミナカタの親子と、オオクニヌシの盟友スクナビコナのトリオです。八は数の多いことを意味しますから、「長らく」といったところでしょうか。

『古事記』『日本書紀』の神話では、出雲でオオクニヌシの父（または6世の祖）とされる須佐之男命（すさのお）（以下スサノオ）が、八岐大蛇（やまたのおろち）を退治したことが語られていますが、能登ではその息子と孫たちが大蛇・毒蛇や化鳥を退治していました。八岐大蛇の正体は、出雲を流れる斐伊川（ひいかわ）という説もあるとおり、能登での「蛇」の退治が暴れ川や湿地帯だっただろう邑知潟を開拓したことだと考えれば、話はつながります。

『古事記』の国譲りでは、国譲りを迫る使者に対して、力自慢のタケミナカタが「この国が欲しいというなら力比べをしよう」と立ち向かい、コテンパンにやられて諏訪に逃げ込みますが、その前にこんな武勇伝があったとは。

わたくしが梶井家に伝わる祝詞に書かれたタケミナカタの武勇伝に感動していると、取材同行している編集者Nさんが「梶井さんは、江戸時代から代々の宮司家ですか？」と聞いています。梶井宮司は「そうです。74代目です」とさらり。74代目ということは、江戸時代どころか、神代（かみよ）の昔から続いている家系ということです。Nさんの目がキラリ。

聞けば、オオクニヌシとスクナビコナの能登平定に協力した土地神は多気倉長命（たけくらお）（以下タケクラオ）といい、その娘の伊豆目比売命（いずめひめ）（以下イズメヒメ）がスクナビコナと結ばれたそうです。そして生まれた御子神・菅根彦命（すがねひこ）（以下スガネヒコ）こそが梶井家の先祖だとか。

これまでオオクニヌシが各地の姫神との間に子をなした神話はたくさん見聞きしてきましたが、スクナビコナの子づくり神話は初耳でした。梶井宮司は、先祖である土地神タケクラオと娘のイズメヒメ（祭神としては市杵嶋姫命）、スクナビコナの三神を祭神とする能登生国玉比古神社（中能登町金丸）の宮司も務めています。

それにしても、出雲の勢力が能登を平定し、しかも出雲と同じように潟地を開拓したなんていう神話があったとは驚きました。

梶井宮司にそう話すと、「出雲が一時、非常に広い範囲で日本の中心的な勢力だった時代があるのだと思います。今は太平洋側が栄えていますけれど、昔は日本海側の方が行き来がいろいろあって、出雲と能登は関係が深かったのでしょう」とのこと。能登国一宮で、能登半島の西側付け根の日本海に面した気多大社の祭神もオオクニヌシですし、能登には出雲系の神さまがたくさん祀られているのがその証拠かもしれません。

梶井家を失礼した後、ギンナンの匂いが充満する車に乗り込んで、羽咋市の気多大社に行ってみることにしました。

JR七尾線に並行して走る石川県道2号七尾羽咋線をそのまま走ればよかったのですが、どうしても邑知潟大橋を渡りたかったので少しだけ遠回り。橋に向かうなだらかな上りを走りながら周りを見渡すと、タケミナカタの平定開拓神話を伝える邑知潟は、当時からすればわずかであろう水面を残して、見渡す限りの美田に変わっていました。大蛇化鳥の退治は、潟湖の開拓のことであり、そのために使ったカマを今も産土神たる御神木に打ち込み続ける…。ここに古代信仰の萌芽の一つを見た思いです。

COLUMN 1

薙鎌(なぎがま)を打ち込む御神木

能登半島だけでなく、信州にも薙鎌打ちの神事があります。

一つは諏訪大社上社の神事。御柱祭の前年、御柱となる木に薙鎌を打ち込みます。もう一つも御柱祭の前年、長野・新潟県境の小谷(おたり)村にある境の宮と小倉明神のどちらかの御神木に大社の宮司が薙鎌を打ち込む神事です。

小谷の二つの神社に御神木が定められたのは江戸時代。元禄13年（１７００）、信州と越後の国境が明確でないことに業を煮やした越後の山口村が、幕府に訴訟を起こしました。この争いを記録した『信越境論記控』によると、越後側が「信越境は古来より横川なのに信州側は白池が境だと言う。白池・横川間の薪や木は昔から越後側が切っている云々(うんぬん)」と主張。信州側が「信越の境は古来より白池。信州小谷の地は昔から諏訪大明神の御敷地で、白池端の御神木に下諏訪武居祝(たけいほうり)が7年に一度、内鎌(ないがま)という御神体を打ってきた。越後こそ越境して薪や材木を盗み取っている云々」…。

幕府から検視役が総勢約50名で乗り込み、聞き取りや実地検証を行った結果、元禄15年11月22日の判決で「官庫の大絵図の点検から、白池が国境に記されていた」と信州側の勝利に。しかし、幕府はよりによって肝心要の白池を越後側の用水池と決定。現在の県境もこれに従っているため、地図を見ると白池は新潟側にあります。が、白池から５００ｍほどの区間は境界線が引かれていないという不思議…。

白池の端にあった御神木が越後側にいってしまった信州側は仕方なく、国境となった境の宮と小倉明神の社に新しい御神木を定めて、7年目ごとに交互に薙鎌を打ち始めます。境の宮の案内板には「神事は国境の神木に薙鎌を打ち込み神威の及ぶ範囲を確認し、信濃の国の無事平安を祈るという意味が込められていると考えられ、古来からの諏訪神社と小谷地方の深いつながりを示している」。

「式年薙鎌打ち神事」は今でも行われていて、未(ひつじ)年は境の宮、丑(うし)年には小倉明神の御神木に、諏訪大社の宮司が薙鎌を打ち込みます。かつて小谷で薙鎌を打っていたのは、国境争いの証言どおり下社の大祝(おおほうり)。この神事の始まりは不明ですが、もともと小谷は下社と深く結び付いていたようです。

戦国時代の長享(ちょうきょう)2年（１４８８）、「春秋之宮造宮之次第」という史料に、隣り合う千国・小谷は下社春宮の五間拝殿（現存せず）の造宮の頭役(とうやく)（奉仕当番）を勤めていたとあります。長享２年は申(さる)年つまり御柱祭の年。この頃は、境内の全建物を建て替え、信濃国内の郷村が費用を負担する造宮役を割り当てられていました。

しかし当時、上社と下社は激しい対立の末、永正15年（1518）に下社大祝が甲斐国へ追放され、下社大祝家が中絶。天文11年（1542）には武田信玄の諏訪攻めもあって、各郷村は造宮役を怠るように。再び造宮費負担の古文書が登場するのは、信玄が上・下社の祭祀再興に努めるようになってから。永禄9年（1566）寅年には二十貫文必要のところ五貫文しか集められなかったのに、12年後の天正6年（1578）寅年には「二十四貫八百文集まった」とあって、『小谷村誌』も「比較的安定した時期だったためか、かなり多くの頭役銭が集まっている」としています。

けれど、下社春宮五間拝殿造宮の史料はこれが最後。いつしか拝殿などの建て替えも行われなくなり、「その後安土桃山時代に入ると、この地方も戦火の地になり、諏訪との関係も疎遠となってきた。（中略）この頃には薙鎌打ちの神事も絶えたものと思われ、諏訪との古文書も見つかっていない」（『いにしえの里小谷』）。

それが江戸・元禄時代までくると、古文書が再登場。下社から小谷郷へは祭りの頭役が割り当てられ、式年薙鎌打ち神事も復活していました。薙鎌を打ちに来るのは武居祝。筆頭神職の武居祝は下社大祝家の中絶後、下社の首席となり、武居祝から大祝を立てるようになったのです（『下諏訪町誌』）。ところが明治初年、諏訪大社が世襲の大祝制から任命による宮司制に変わったり、それまで別組織だった上社と下社が合併したりの大変革があって、またもや中絶…。と思ったら昭和18年（1943）、薙鎌打ち神事はまたまた復活を遂げます。

式年薙鎌打ち神事を主宰するのは、小谷村中土にある大宮諏訪神社。小谷村教育委員会によると「前宮司の杉本好文さんが『全国に1万と言われる諏訪大社の御分社で、ここより他にこうした神事を行っていた所をいまだ聞いたことがない。重大な古例に従っているとしか考えられない』と、諏訪大社にかけあった」結果、復活します。杉本さんは教員の傍ら郷土史を研究し、自著『いにしえの里小谷』で「古い時代にはこの神事は境の宮近くの白池という池のほとり、諏訪の平という地籍の御神木で行っていた」と断言していました。

薙鎌打ち神事を行う2社へ行くには、姫川沿いの国道148号でいったん信越県境を越え、糸魚川市の根知集落から入ります。境の宮の御神木のスギには、鳥の頭の形をした薙鎌が打ち込まれていて、目をこらして数を数えると7本。昭和18年の復活以降、御柱祭は14回あったので、7年目ごとに小倉明神と交互に打ってきっちり7本。復活後に打ち込まれた7本に間違いありません。

2 「気多」の登場

行ったり来たりする祭り

能登半島で諏訪につながる出雲の痕跡を探すなかで、興味深い祭りに出合いました。「鵜祭」（国重要無形民俗文化財）です。鵜祭が文献上で確認できるのは戦国時代の16世紀前半で、少なくとも５００年の歴史がある祭り。七尾市の気多本宮に伝わる『気多本宮縁起』によると、次のように書かれていました。

> 神代の昔、大己貴命（オオクニヌシ）が高志（現在の北陸＝福井・石川・富山・新潟の各県）の北島から能登の神門島（現在の七尾市鹿渡島）に着いた時、同地の御門主比古神から相談を受けた櫛八玉神は、自ら鵜となっ

て海中の魚を捕り、大己貴命に捧げた。その後、大己貴命が羽咋（はくい）（気多大社）に鎮まるようになってからも、鵜浦（うのうら）から鵜を運んで捧げるようになった。

（『気多本宮縁起』より要約）

能登平定のため、能登東岸に上陸したオオクニヌシに、鵜が捕った魚を献上した。平定後に能登西岸の気多大社に落ち着いてからも、東岸から鵜を届け続けたということでしょうか。気多本宮は、オオクニヌシが舟で能登に渡って最初に鎮座した所とされ、「元宮（もとつみや）」と呼ばれます。

現在も行われている「鵜祭」は毎年12月、富山湾に面した七尾市鵜浦町の鹿渡島にある鵜捕崖（うとりがけ）で、オオクニヌシに届ける鵜を1羽生け捕るところから始まります。その年の鵜は生け捕られた瞬間から神となり「鵜様」に。生け捕りの方法は、現地で鵜捕主任と呼ばれる小西家の〝一子相伝の秘法〟によるそうです。

鵜様を気多大社まで運ぶのは、鹿渡島に住む鵜捕部（うとりべ）という運び役の人たち。3人一組で鵜様を収めた茅製の鵜籠を背負い、歩いて3日かけて能登半島を横断します。

鵜様は1日目未明に鵜浦を出発、2日目に七尾市の気多本宮、3日目に中能登町の宿那彦神像石神社の梶井宮司家に立ち寄って、夕方に羽咋市の気多大社に到着。道のりは邑知潟地溝帯沿いの約50キロです。

鵜祭とは反対に、西から東へ半島を渡り、その上Uターンして西へ戻る祭りもありました。

春の兆しが見える3月半ば以降の6日間、羽咋市の気多大社から七尾市の気多本宮まで、オオクニヌシが神輿に乗って邑知潟地溝帯沿いを往復する平国祭です。こちらは『気多神社文書』の、大永6年（1526）の記事に「二月御神幸の役」とあり、「当社でお神輿が回る御神幸は平国祭しかないので、これがそうでしょう」（気多大社権禰宜）。オオクニヌシが能登を平定した往時をしのぶ祭りも、500年以上の歴史がありました。

平国祭も鵜祭と同じ、邑知潟沿いのルートをたどります。オオクニヌシやその御子神などが鎮座する神社へ立ち寄りながら巡行し、往路で中能登町金丸の宿那彦神像石神社に1泊、翌朝、同社祭神のスクナビコナが神輿に同乗して七尾の気多本宮へ向かい、1泊して神事を行い帰途につきます。つまり、邑知潟沿いには出雲系神社が色濃く並んで

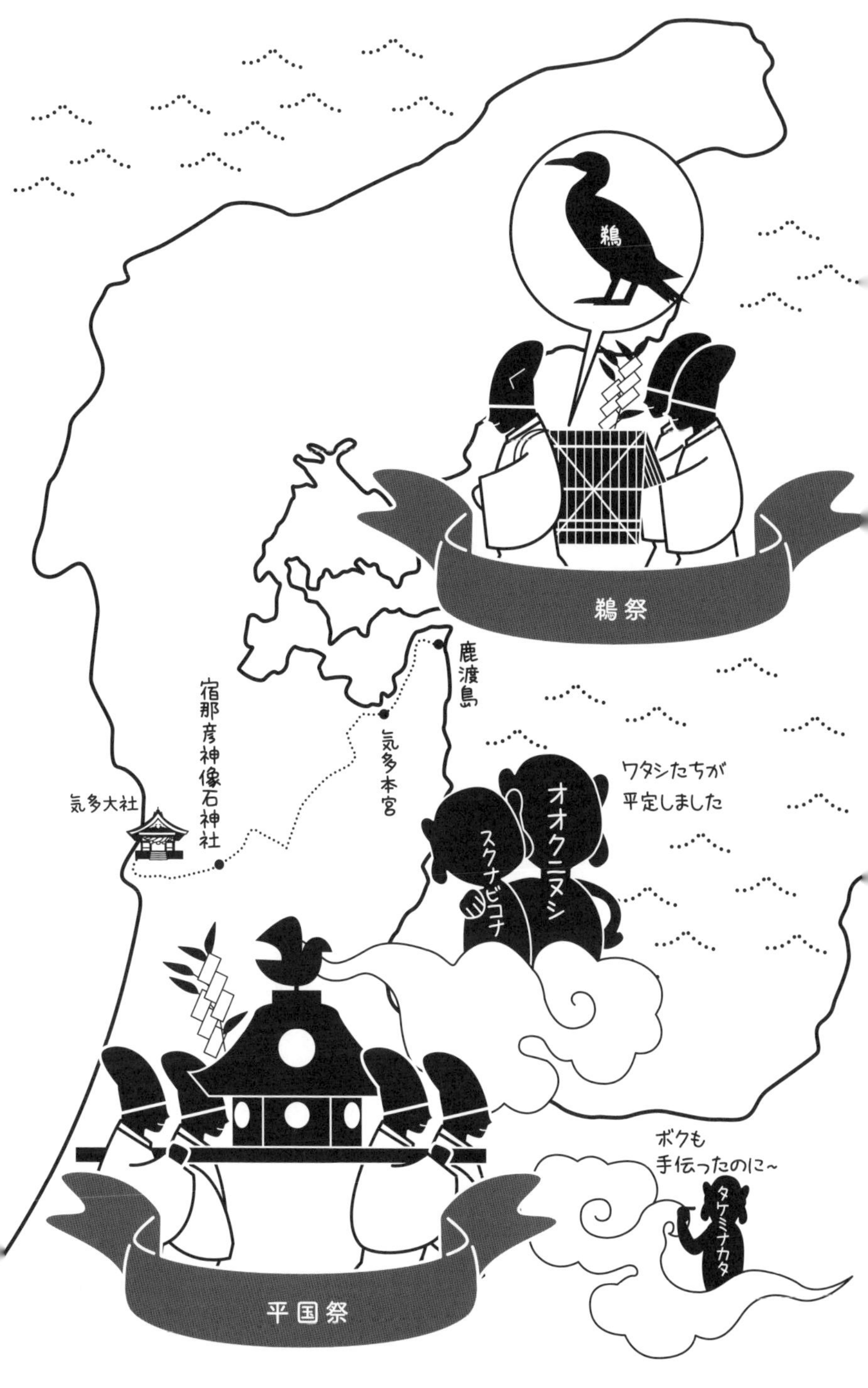
鵜
鵜祭
鹿渡島
気多本宮
宿那彦神像石神社
気多大社
ワタシたちが
平定しました
オオクニヌシ
スクナビコナ
平国祭
ボクも
手伝ったのに～
タケミナカタ

いるのです。

オオクニヌシたちは、なぜ邑知潟にこだわったのか。

邑知潟の重要性について、出雲出身で政治社会学・民族学者の岡本雅享さんの『越境する出雲学』に、興味深い記述を見つけました。

出雲方面から海を渡り、越後方面へ渡航した出雲人たちは当初、南北10 0キロに及ぶ能登半島の西岸＝外浦に直面し、外浦沿いに進み、半島北部をぐるっと回って進む航路をとっていたとみられる。（中略）だが邑知潟に入って地溝帯を抜ければ、はるかに短距離で、しかも外海の航海より安全に、内浦へ出て越中・越後方面へ向かえる。出雲大神の「越の八口」平定譚は、それに気づいた出雲人たちが、越（高志）人と共に、水陸でつなぐ邑知潟地溝帯ルートを切り開き、おさえた事績を物語る神話ではないか（中略）と考えるようになった。

（『越境する出雲学』より引用）

「出雲大神の越の八口平定譚」とは、『出雲国風土記』にある「大己貴命（オオクニヌシ）が高志の八口を平定した」ことです。その八口は新潟県岩船郡関川村八つ口付近との説もあるそうですが、岡本さんは「当地には出雲大神を祭る古社もなく、単に漢字の一致から推察した机上論だろう」と異と唱え、「現地で見た地形や平国祭などから、八口＝谷口（谷の入口）、凹地の入口で、邑地潟地溝帯と見るのが妥当だとの考えに至った」と書いていました。

オオクニヌシたちの邑知潟地溝帯の開拓の目的が、出雲から高志の東部への近道造りだったとすれば、能登半島を横断する邑知潟地溝帯の西と東の出入口を押さえるように、羽咋の気多大社と七尾の気多本宮が鎮座していることにも合点がいきます。

平国祭は出雲系の神社だけでなく、沿道の集落の小さな産土神社から集会所や会社、個人宅まで、6日間で往復する間に100カ所近くの「お立ち寄り・ご招待所」に小まめに立ち寄り、「おいで祭り」と呼ばれて親しまれています。これだけ引く手あまたで歓迎されるオオクニヌシとスクナビコナ。出雲勢力による平定開拓が能登ではすこぶる好意的に受け止められていることがうかがわれます。

そんな行ったり来たりする祭りをぜひ見たい―というわけで、令和5年春の平国祭に行ってみました。復路の最終日、前の夜に中能登町良川（よしかわ）にある白比古（しらひこ）神社に泊まった神輿が、朝から中能登町内を巡っていました。

この白比古神社の祭神は、オオクニヌシが地元の姫神との間にもうけた白比古神で現地開拓の祖神。オオクニヌシが1年に1度、御子神の白比古神に会うことを喜んでいるとの言い伝えまであるそうです。それを聞いて、異母兄弟であるタケミナカタだって邑知潟の開拓に尽力したはずなのに、現地に根ざす白比古神がやはり強いということか、と思ったのは信州人の贔屓目（ひいきめ）でしょうか。

午前中最後の立ち寄り所の宿那彦神像石神社では、ちょうど拝殿に運び込まれた神輿からスクナビコナ（の御魂代（みたましろ））が梶井宮司によって本殿へ戻されるところでした。厳かに響く祝詞を聞きながら、「宿那彦神像石神社の御神体は大きな石なんです。人の形に見えるような御神体なので、神さまがそこに宿られたということでお祀りしています」と梶井宮司が話してくれたのを思い出しました。人の形に見える大きな石の御神体。それで「神像石」の社名が付いているのだと改めて納得です。

宿那彦神像石神社での祭りの後、参拝者に振る舞われた白い紙包みを開けると、きな粉をまぶした団子が三つ。オオクニヌシとスクナビコナが当地に来た時、空腹に堪えかねて食を乞うた老婆が、ちょうどこねていた団子を急いで半ゆでのまま串に刺して献上したという故事にちなんだ「白団子」だそうです。

いわれのあるお供え物をもらって喜んでいたら、世話役さんが「今どきの若い者はこんな美味しくないものはいらないという」と言いながら、もう1包み手渡してくれました。米粉を丸めて、ゆでてきな粉をまぶしただけの団子は、素朴な味わい。砂糖もまぶせば美味しさがアップしそうですが、そこは伝統に準じるのが神社のならい。

伝統を守るといえば、さらなる問題は馬で、神輿行列の先頭を行く神馬（しんめ）は、金沢大学馬術部のサラブレッドが務めていました。「来る予定だったのに、馬の都合が悪くなりました」と言われることもあるとか。丈夫な農耕馬はいくらでも歩けるけれど、サラブレッドにアスファルトの道を長く歩かせられないと、馬用のトラックに載せては要所のみ歩いてもらうのだそう。繊細なサラブレッドの神馬がすらりと優美な姿で歩くのを見た後、昔の神輿行列の写真で、ずんぐり体型で足太の農耕馬のたくましさに愕然（がくぜん）としました。同じ馬という名の別物でした。農耕馬がいなくなり、白団子より美味しいものがあふれる現代、伝統を守る大変さはいかばかりか。

ゴールの気多大社を前に、最後に立ち寄ったのが中能登町の鎌宮諏訪神社でした。気多大社の神職が弓を射る所作をしていたので、どんな意味があるのか聞いてみると「弓祓いです。邪気を祓うような意味で昔から続いていると思うのですが、どうして始まったのか、記録に残っていないようでわかりません。弓を祓うのは鎌宮さんだけです」とのこと。理由がわからないのは残念ですが、タケミナカタを祀る鎌宮だけの〝特別〟があることにうれしくなったのは、やはり信州人たる所以か。

ところで、冬の鵜祭では気多大社で神事の後、鵜様は一宮の海岸に運ばれて海に放たれます。自由になった鵜は、越後の居多神社（新潟県上越市）へ飛んで行くとの言い伝えがあるそうです。安永6年（1777）に出た能登の名跡・旧跡や事物が書かれた『能登名跡志』には、「能登の大己貴命（オオクニヌシ）に捧げられた鵜は海へ放たれると、能生社の祭りにやっていく」とありました。

オオクニヌシの妻でタケミナカタの母、奴奈川姫（以下ヌナカワヒメ）は、新潟県糸魚川市から上越市直江津にかけての海岸地域を指す奴奈川郷が本拠地。オオクニヌシの熱烈なラブコールを受けて結ばれた（『古事記』）のが一転、「不仲になって越後の能生の社内へ移った」（『能登名跡志』）。糸魚川市能生には今でも、ヌナカワヒメを祀って産土神社としたのが始まりとされる白山神社があります。

ほかにも、「（放たれた鵜は）信濃の諏訪神社あるいは越後の能生の海へ行く」（『加賀・能登の民俗』）との伝承も見つけましたが、能登から諏訪へ鵜が飛んでくるなんて話、信州では聞いたことがありません。

ここ最近の鵜祭は、地球温暖化による海水温の上昇や海流の変化などが影響してか鵜の捕獲が難航。令和5年は2年ぶりの捕獲、令和4年までの10年間で、捕まえられたのは5回だけだそうです。主役の鵜様不在の神事になることも多いと聞いて、編集者Nさんが「神さまも受難の時代ですね」とぽつり。にもかかわらず、鵜祭が今も続いていることにも、邑知潟の開拓が能登の地元にとってどれほど大きなことだったかがわかるような気がしました。

海から寄り付く神

羽咋市の気多大社は、「入らずの森」と呼ばれる広大な原生林に包み込まれるように社殿が建っています。うっそうとした原生林からヒタヒタと押し寄せる霊気が、そのまま「気」という文字になったかのようです。絵馬掛け所には「気」と書かれた絵馬がずらりと。「気」が頻発しています。

郷土史家で、古代・中世の北陸史研究の第一人者とされた浅香年木さんが『北陸の風土と歴史』のなかで、出雲の島根半島から越後の頸城平野（上越地方）までの日本海沿岸域に「気多」の地名・神社がたくさんあると書いています。実際、兵庫県豊岡市の気多神社をはじめ、石川県小松市に気多御子神社、羽咋市に気多大社、七尾市に気多本宮、富山県高岡市に気多神社と、地図の上でも次々と見つかりました。「気多」とはいったい何だろう、と思い始めました。

前述した鵜祭で放たれた鵜が飛んで行くとされる新潟県上越市の居多(こた)神社も、日本海沿岸域の気多神社と同系統と考えられています。中世史の専門家でもある居多神社の花ケ前盛明(はながさき)宮司は、「気多と居多は同じ」と主張する根拠として、「居」を「ケ」と発音した事例を調べていました。もともとは埼玉県の稲荷山古墳から出土した5世紀末の鉄剣の銘文に「居」を「ケ」と発音するものがあったと知ったのが発端。平安中・後期の詩文や文書類を収録した『朝野群載(ちょうやぐんさい)』の承暦(じょうりゃく)4年(1080)の条にも、「越後国ニ坐ス気多神社」と「気」が使われていて、「これも居多と気多が同一である証明になるだろう」と確信したそうです。「いつから居多の居をコと発音するようになったかわからないけど、居多神社が最初に文献に登場するのは弘仁4年(813)、朝廷から従五位下を賜った時が最初で、表記は既に居多だったわな」。

『北陸の風土と歴史』に興味深い記述がありました。「気多の神」はオオクニヌシの異称の一つだというのです。そもそも出雲大社の祭神でもあるオオクニヌシは、大己貴命(おおなむち)

をはじめ多くの名を持つことで有名。能登ではオオクニヌシより、オオナムチの方が通りがいいほどです。では、気多の神と呼ばれるのはどんな時なのか。前述の『越境する出雲学』には「海を渡りくる『寄り神』としての性格を表したのが気多の神名だといえよう」とありました。

上越市の居多神社から歩いてすぐの居多ケ浜は、国造り期のオオクニヌシの上陸伝説が伝わる地。オオクニヌシはその後、居多を拠点に日本海沿岸の各地に〝寄り付〟いていたようで、『明治十六年神社明細帳』に書かれた、柏崎市西山町の石地（いしじ）にある御島石部（みしまいそべ）神社の由緒にそれを物語る史料を見つけました。

> 大己貴命（オオクニヌシ）が国々を経営していた時、頸城郡の居多にいて、北東の国を平治するため船に乗ってこの石地の沖を通り、磯辺を見ると、浜まで懸橋（かけはし）のように続く岩があり、船をこぎ寄せたら、岩を敷いたような都合のよい小浜があった。神が「面白い三都（みつ）の島、石部だなあ」と言ったので、御島石部神社という。
>
> （『明治十六年神社明細帳』より要約）

オオクニヌシが船で石地の沖を通りかかったら、浜まで懸橋のように続く岩があって船を寄せたと書いてあります。この辺りの国道352号を走ると、海の中に一本橋のような岩場が今でも見えました。近くには「ようこそ」と言っているかのような上陸におあつらえ向きの平らな岩が連なる不思議な景色の浜もあります。

『越境する出雲学』にも御島石部神社の記述があり、「民俗学者の折口信夫は、ケタは海から陸へつなぐ、水上に渡した橋のようなもので、神はそれを足がかりに陸へ上ると説いた。御島石部神社の由緒は、海から寄りくる神がケタ＝海から陸へとつなぐ、水上に渡した橋（のようなもの）＝を伝って陸へ上がるという、折口説のケタ概念と合致する」……。そういえば、オオクニヌシが能登への第一歩をしるした神門島（現七尾市鹿渡島）にも、上陸した時の「飛び石」が海中にあると聞いたのを思い出しました。

御島石部神社の社殿に掲げられた由緒には続きがあって、「船を寄せてみると、当地の荒神二田彦（ふただ）・石部彦の二神が出迎え、盃に酒を盛り、敬意を表した。当神社の祭礼神輿が陸から島に渡る時、御神酒（おみき）を捧げる吉例はここに由来する」。拝殿には、立派な神輿がにぎやかに繰り出している古い写真が飾られていました。

この島がどこを指すのかはわかりませんが、オオクニヌシが船をこぎ寄せたという小浜へは、かつて神輿が巡幸していたそうです。令和2年に就任したばかりの現宮司、栗田明廣（あきひろ）さんに聞いてみると「令和元年までは石地町内を回っていたと聞きました。その後コロナで中止になったので、私はまだ神輿と一緒に回ったことがないんです」。前任宮司は3カ所でお祓いをし、祝詞をあげていたそうで、「そのうち1カ所は石地町内の一番外れにあって、石地海水浴場に岩がずっと海の方へのびている場所があります。通称カケハシ、ナガイワと言うこともあるので、多分あの場所が大己貴命（オオクニヌシ）が船を停めて陸に上がった場所だと思うんです」。栗田宮司は神輿の巡幸が復活したら、そこで祝詞をあげたいと力強く話してくれました。地元の祭りにはやはり伝承が生きています。

『西山町誌』には境内に諏訪神社が鎮座しているとあったので、古びた境内社を探してみましたが、社名がなくてわからず。栗田宮司も「御島石部神社に合祀したという記録も、境内社として祠があるという記録もあるんですが、どこにあるのかよくわかりません」。合祀されたお社が時を経てどんどんわからなくなっていくのは、ここに限らず残念なことです。

おっととー
気多神
一本橋で寄り付く
気多神
船で寄り付く
気多神
岩を飛び越えて寄り付く

居多を拠点にした気多神の海からの寄り付きはさらに続きます。新潟県出雲崎町にある石井(いわい)神社の由緒にも興味深い記述が見つかりました。

オオクニヌシが頸城郡の居多からこの地に移ってきて、沖の方にある孤島を平治しようと思ったが、船を造る巨材がなかった。そこで宮居近くの石井の水をくんで大地にそそぐと、一夜にして十二株の大樹が成長した。その霊樹で船を造って船出しようとすると、紫雲がたなびき、大小の魚や海亀が浮かんできて、大神の船を佐(たす)け渡したので佐渡国という。国中を平治した大神が立ち去る際、「この地は佐渡へ往還するのによい所である。私が往来の船を保護をしよう」と言ったので、石井の辺りに宮を造り、海上守護の神として祀った。

雲の立ち上った地を出雲の里とも雲の浦とも称し、今の出雲崎がこれだ。

(『石井神社記』より要約)

佐渡を平定したのがオオクニヌシ、「船を佐け渡した」ので佐渡、「雲が立ち上った」

ので出雲崎と、地名の由来まで語っています。

急崖の中腹にある石井神社からは、日本海の大海原の向こうに佐渡島が真正面に一望できました。出雲崎から佐渡へは直線距離で約50キロ。出雲崎は佐渡往来の要港で、江戸時代には佐渡で生産された金銀の荷揚げ港として幕府直轄地になりました。

その出雲崎の総鎮守である石井神社。社殿の前に立つ狛犬の台座には大きく「海上安全」。そしてその祭神こそは、海から寄り付く神、オオクニヌシなのです。ちなみに『出雲崎町史』によれば、境内には諏訪神社も合祀されているようですが、こちらの諏訪神社も確認できませんでした。

ところで古代の日本海沿岸域は西を出雲国、東を高志（越）国といって、高志は今の北陸地方、福井・石川・富山・新潟各県に当たります。

出雲人が編さんして天平5年（733）に完成した『出雲国風土記』の冒頭には、出雲の創造神の国引き神話が載っています。出雲国は幅の狭い布のような未完成の国だからと、海の向こうのあちこちから土地を切り取って引っ張ってきて、出雲国を大きくしたという話です。そのうち、高志の都都（つつ）の岬の余っている所を出雲に縫い付けたのが、島根半島の東端「美保の岬」（島根県松江市美保関町）です。余っているなんてずいぶん勝手な言い分ですが、〝切り取ら〟れた都都の岬が、今の能登半島の北端、珠洲の岬（珠洲市）で、珠洲市など奥能登と出雲西部には構造が極めて似ている横穴墓群が分布していると聞けば、なんだか神話だけでは片づけられないような気持ちです。

その日本海沿岸域の高志エリアには、オオクニヌシが寄り付く神話が脈々と伝わっています。上陸するための足掛かりがある土地を見つけては、平定・開拓して治めていくオオクニヌシ。ああ、だから日本海沿岸に点々と気多神が祀られているのか！

また、羽咋市の気多大社が能登国一宮なのを皮切りに、富山県高岡市の気多神社は越中国一宮、新潟県上越市の居多神社は越後国一宮です。出雲の大神であるオオクニヌシを気多の神として祀るこれらの神社に対して、大和朝廷もそれなりの敬意を払っていたのだと思わざるを得ません。

タケミナカタと気多の運命

高志から切り取られ、縫い付けられた島根半島の美保の岬は、『出雲国風土記』に「御穂須須美命（以下ミホススミ）が鎮座しておられるので美保という」と出てきます。日本海に張り出した島根半島の美保神社だけでなく、能登半島の珠洲岬の須須神社の古い祭神であるミホススミは、高志の奴奈川郷の女神ヌナカワヒメと出雲の大神オオクニヌシとの間に生まれています。出雲と高志をつなぐ二つの岬で、海の女神として信仰されていて、出雲と高志のつながりの象徴的な存在の神さまです。

しかしながら、信州人にとってはオオクニヌシとヌナカワヒメの御子神といえばタケミナカタです。が、出雲人に出雲で祀られてこなかったタケミナカタは『出雲国風土記』に登場しません。

改めてタケミナカタの文献的な出自を確認してみると、タケミナカタは『古事記』の国譲り神話でオオクニヌシの御子神として登場、しかし母神に関する情報はありません。タケミナカタの母神がヌナカワヒメだと記しているのは『先代旧事本紀』という現代では全く馴染みのない本。この本は平安中期から江戸中期頃まで、日本最古の「最も権威ある歴史書」として重用されていましたが、序文に聖徳太子や蘇我馬子らの撰録とあるのに、本文に9世紀初めの文献の引用があるなど矛盾が指摘され、すっかり「偽書」のレッテルを貼られてしまいました。

『先代旧事本紀』を根拠としてタケミナカタがヌナカワヒメの御子神としてきた立場が危ういとばかり、「危機感を高めた神道関係の学識者が目をつけたのが、江戸後期から知名度と評価が急速に高まっていった『出雲国風土記』。そこに出てくる御穂須須美命（ミホススミ）が、実は建御名方命（タケミナカタ）だったとすることで、神としての出自の確かさを保証しようとしたものと考えられる」と、『越境する出雲学』の岡本雅亨さんは推理しています。上州（群馬県）生まれで諏訪に詳しい国学者が、幕末に著した『諏訪旧蹟誌』に「建御名方神　またの名を御穂須々美命と称す」とあった裏事情がそれでしたか。

窮余の一策にしても、日本海の女神と諏訪湖の男神を同じ神さまだなんて、無理が

出雲
オオクニヌシ
ヌナカワヒメ
高志
タケミナカタ
ミホススミ
タケミナカタ
ふさっこ
ミホススミ
どっちー
どっちなの？？

ありすぎでしょうとわたくしなども思いますが、『越境する出雲学』は、地域によって「御子神」のイメージが違うと指摘していました。出雲から能登・富山にかけてはミホススミで、新潟・長野はタケミナカタ。しかし、ミホススミがタケミナカタの幼名であり、新潟や長野で「同一神説が盛ん」という説まであると言われると、長野県でミホススミを知っている人がどれだけいるのか、と思ってしまいました。

高志と出雲をつなぐ象徴的な存在の母神ヌナカワヒメと、一応〝同腹〟のミホススミとタケミナカタ。出雲で国譲りの戦いに敗れたタケミナカタが、日本海の航行を守るミホススミに導かれて母神の本拠地・高志の奴奈川郷を目指し、そこからさらに諏訪へと向かっていった―と見ておくのが、精一杯な感じもします。

さて、最初に訪ねた能登の鎌宮諏訪神社は、タケミナカタの能登開拓を伝えていました。タケミナカタの足跡は高志ではどう伝わっているのか。鎌宮以外にタケミナカタを主祭神として祀っている神社を高志エリアで探してみました。

オオクニヌシが上陸したという上越市の居多ケ浜は、居多神社からまっすぐ海に延びる道の先から少し西側、虫生岩戸（むしういわと）という隣町寄りの辺りです。かつての居多神社は今より約1キロ西側の海岸沿い、旧居多村字身輪（みのわ）山に鎮座していたのが、海岸侵食で社地が崩壊して、現在地に遷座したのだそうです。ヌナカワヒメがタケミナカタを生んだ伝説の岩屋のある明静院（みょうじょういん）も虫生岩戸に、オオクニヌシの館と伝わる場所もその辺りにあります。

居多神社の花ケ前宮司によると、「虫生岩戸の郷津（ごうづ）湊はちょうど入り江になっていて、風や波を避けるのに適していました」。オオクニヌシは居多を拠点に平定を繰り返し、越後地方に稲作の農業技術や砂鉄の製錬技術なども伝えたとされています。

タケミナカタの故郷、居多ケ浜近辺に諏訪神社はないものか。『上越市史』で市内の神社を当たってみると、面白い由緒を持つ諏訪神社を見つけました。

上越市役所の南東方向、国道18号バイパスと関川に挟まれた上越市稲田1丁目の稲田諏訪神社です。祭神はタケミナカタと妻神の八坂刀売（やさかとめ）命（以下ヤサカトメ）。『明治十六年神社明細帳』の記述として「建御名方命（タケミナカタ）の御胞（ほう）（胎児をおおう膜。えな）を埋めたる遺跡にて、後に命此里に於て田を耕し給ひしと、よって豊熟他に勝れるゆえ、古昔は稲田神社と称し、それより村名と成りし旨口碑に伝ふという」とあります。当時の住所は「上稲田村字稲場」です。

一面に美田が広がる豊かな穀倉地帯をイメージしながら行ってみると、参道の横が小学校と保育園、周囲は住宅や店が立ち並んで、田んぼはなし。参道の入口に、上越市が平成5年（1993）に設置した「諏訪神社と大けやき」と題する案内板が立っていました。

それによると境内の御神木は、樹高25メートル、胸高径3メートルのケヤキで、神社創建以来の樹齢を持つと伝わります。とはいえ創建年代は不詳。創建時に耕作に励んだために稲田神社と称せられ、それが地域の里名「稲田」になったようです。

ここのイチ押しは「お諏訪さんの大ケヤキ」と親しまれる市内最大の御神木。タケミナカタの御胞にまったく言及なしです。違う神社に来てしまったかと、『明治十六年神社明細帳』の記述と市の案内板を見比べましたが、両方とも社殿の再建が安政2年（1855）だったので間違いありません。

案内板には「風雨の神として崇められ雨乞いの祈祷などが多く、農民の神として崇敬され、境内も大切に守られている」と続きます。農民の神として信仰するには、タケミナカタというより「諏訪明神」というくくりの風や水の神が念頭にあったのでしょうか。

もう少し北のエリアに探索を広げ、『柏崎市史』で諏訪神社の由緒をチェックしていると、荒浜3丁目の諏訪神社がヒット。

「建御名方命（タケミナカタ）は越後国頸城郡にいた時、遠く出雲との交通を盛んにし、又、広く国内を巡って開拓し産業を授け、海浜では漁労海運の法を伝授し、或いは凶暴を払いのけ、ひたすら民を大切に育て啓発に努め、その御神徳の絶大なるにより深く崇敬し、産土神として奉仕する所である」(『柏崎市史』より要約)。頸城郡居多を拠点に、越後国の開発発展に尽力したという気多神ばりの書かれっぷりです。鎮座地の目と鼻の先に海岸があり、海を東奔西走できそうです。

島根県出雲市には古志町（こしちょう）という町があります。この古志こそ高志から移ってきた人々が住んだ所だといい、『出雲国風土記』に「日淵川（ひふちがわ）の水を利用して池を築いた時、古志の国の人たちがやって来て堤を造った。その時古志の人たちが住んだので古志という」と書かれています。

出雲と高志の交流は、弥生時代の終わりから密接で、『解説　出雲国風土記』によれば、共通性のある古墳や土器は出雲から高志へ伝えられたと考えられていて、出雲大社近くの命主社（いのちぬしのやしろ）境内から出土したと伝えられる勾玉（まがたま）の材料のヒスイは、新潟県糸魚川市の姫川産だとか。

高志国から移住してきたのは、労役の人夫として連れてこられた人たちでしょうか？『出雲国風土記』の注釈には「堤を造る技術があり、呼び寄せられたか」とあって、優れた技術者集団がやって来て、暮らしを支える池の堤を造ってくれて、その集団が住み着いたと読めます。

「渡来人が濃密に分布していたコシは、対岸（大陸や朝鮮半島）から高度な知識や技術が迎えられ、滞留する土地でもあった」と書くのは『北陸の風土と歴史』。「二つの地域の古墳文化にみられる共通性から、すぐに出雲の勢力の『コシ征服』といった想定を引き出すのは、はなはだ危険といわねばならない」とも。

同書は、出雲から高志にかけて、日本海沿岸域に広く「気多」の地名や神社名があることについて「地名や神名を共有する連鎖的な地域のつながりは、コシの西部に中心をもつ、日本海沿岸域における独自な政治圏の形成を語るものであり、南（ヤマト王権）からの圧力に対抗しようとした、かつての「日本海地域国家連合」のなごりであろう」としています。そして、日本海沿岸域に「気多政治圏」というべき地域国家連合が生まれた時期は「おそらく6世紀」と断じています。日本海を海の道として結び付いた一大勢力の存在。ヤマトにとっては、さぞかし目の上のたん瘤であったと想像がつきます。

オオクニヌシが高志エリアの各地に寄り付いたと言い換えられる弥生時代後半以降の出雲と高志の密接な交流から、長い年月の紆余曲折を経て出来上がったのが、出雲を盟主とする戦略的で互恵的な地域国家連合「気多政治圏」。

ヤマトから波状的な政治圧力が加えられ、抑え込まれてしまったのは7世紀後半だったとされます。

結局、地域国家連合はヤマトの律令制度施行によって終わりを迎えましたが、気多神は日本海沿岸の各地に祀られ、ヤマトも認める国の一宮となり、21世紀の今も神威を伝えて気を吐いているとはあっぱれです。

能登半島の邑知潟地溝帯に沿って車で走っていた秋の日、黄色い花が一面に咲いていたことがありました。外来植物のセイタカアワダチソウです。耕作放棄地の畑や田んぼいっぱいに広がって、栽培しているのかと見紛うほどのセイタカ畑。ところどころ、ススキの花穂が銀色に輝いて風にそよいでいますが、いかんせん多勢に無勢。セイタカ勢とのせめぎ合いはススキが劣勢です。

「昔は出雲に進出され、今はセイタカに進出されてる」とつぶやく編集者Nさん。「ああ、アレチウリもすごいですよ」。確かにこれまた外来植物のアレチウリも、セイタカアワダチソウ顔負けに我が物顔ではありませんか。

アレチウリに絡みつかれ覆いかぶされて、木々は息も絶え絶え。まるで高志勢と出雲勢、さらにはヤマト勢のくんずほぐれつの戦いを見ている気分になったわたくし。

それにしても、出雲人の手になる『出雲国風土記』に登場しないタケミナカタが、出雲勢の一員として能登の平定開拓神話に加えられ、祀られるようになったのはいつからなのか、気になります。

COLUMN 2

諏訪の神さまは風の神

富山県魚津市諏訪町の諏訪神社の由緒は、大宝元年（701）久和と高円という2人の漁師が勧請したのが始まり。漁師がなぜ諏訪神を祀ったのでしょうか。

諏訪神の名が日本史上最初に登場するのは『日本書紀』で、持統天皇5年（691）8月に「二十三日に天皇が勅使を派遣して、竜田の風神、信濃の須波・水内などの神を祭らせた」とあり、この時は風の神として登場しています。漁師が勧請したのが〝風の神〟ということなら納得できますが、なぜここに？

『万葉集』に、天平20年（748）正月29日（太陽暦3月7日）、越中（富山県）国守だった大伴家持が「信濃の浜」を詠んだ歌があります。「越の海の信濃の浜を行き暮らし　長き春日も忘れて思へや」（越［北陸］の海の信濃の浜を一日歩き続けても余る。こんな長い春の日でさえ妻のことを忘れたりするものか）。天平18年（746）から5年間、越中国に単身赴任した家持は、奈良に残してきた妻を片時も忘れられないと詠みました。ぬくもりを感じる春の日永に、信濃の浜で妻を思う家持31歳。

この「信濃の浜」がどこを指すかは諸説あって、有力な候補が魚津市の諏訪神社付近にある「信濃の浜」です。この浜は信濃の国の山人たちが買い出しに来た浜だったとの説も伝わります。諏訪神社の武田邦浩宮司は「ここは当時から信州諏訪方面との交易が盛ん。糸魚川経由や立山連峰越えで、信州へ塩や干魚などの海産物が、信州からは山の幸が運ばれたと聞きます」。信州の山の幸が何かは不明ですが、八ヶ岳山麓の縄文人は黒曜石の矢じりや刃物を全国的に流通させていたし、弥生時代には稲の収穫用の優れた石包丁や石斧などを作っていたので、そんなものも運ばれていたかもしれません。こうした交流に諏訪の神さまがついて来たのでしょうか。

家持は、信濃の浜を詠んだのと同じ日、風の歌も詠んでいます。「あゆの風いたく吹くらし奈呉の海人の　釣する小舟漕ぎ隠る見ゆ」（あゆの風がひどく吹いているのだろう。奈呉の海人の釣りする小舟が波に漕ぎ隠れている）。

『万葉集』の「あゆの風」とは「越の俗語で東風」。今も使われる「あいの風・あい風」は北東か北西の方角から吹く北寄りの爽やかな風で、豊作・豊漁など幸せを運ぶ風です。國學院大學方言研究会が昭和10年（1935）にまとめた『風位考資料』によると「アイ（ノ）カゼの使用事例は島根・鳥取両県が全体の37%、（越にあたる）福井・石川・富山・新潟4県の計25%より多い」そうです。つまり「アイ系統の語は古代出雲の海民の間で発生し、その移動に伴って越方面へ伝播したものだと説いた。それを室山敏昭・元広島大学教授は、アイの風名は大和の言語文化とは全く関係のない、出雲を中心とする海民の言語文化を特徴づけるものだという、文化論に発展させている」（『出雲を原郷とする人たち』から引用）として、その風名が出雲から越にわたる「共通語」だったことがわかります。

8月初旬、魚津市で豪快に行われる「たてもん祭り」（ユネスコ無形文化遺産）は、この諏訪神社の祭りです。魚を山と積んで神に供え、豊漁と海上の無事を祈願したのが始まり。江戸中期の享保年間（1716～36）頃には現在の形だったとのこと。ソリ形の台に高さ16mもある大柱を立て、ろうそくを灯した90余りの提灯を三角形に吊り下げた「たてもん」を、80人ほどが勢いよく曳き回します。でも「車がないソリなので、これを曳き回すのは大変。少子高齢化ですし、ここに住んでいない若者やボランティアも集まります」と武田宮司。

たてもん祭りで大事なのが「あいの風」。日中ずっと吹いている北の風が夜7、8時くらいに急に凪状態になり、12時過ぎるとまた吹くのだそう。16mもある大柱に提灯を吊るすので、風が吹くと倒れてしまう。つまり、あいの風が止む時を見計らって立てるのです。「漁師さんは天気が頭に入っているんですよ」と武田宮司。「漁師さんは『板子一枚下は地獄』（船底の板一枚下は深い海で、一度落ちたら容易に生還できない）なので、神さまに対する信仰はすごいです」。漁期ごとの初魚は、まず神さまに捧げ、出港に際しては祓いの神事をします。神事を行う武田宮司も、どの漁船が今どこで操業していて、いつ帰港予定かなど漁船情報に通じていました。

諏訪神社の前は、見渡す限りに広がる海。今は前に海岸道路が走っていますが、以前は境内から浜に直結していました。御神徳が「漁業の神」に「海の守り神」。諏訪の神さまが漁業や海の守り神として信仰されたポイントは「風」でした。「漁師さんは天候が勝負。何を見るかというと風なんです。昔は天気予報なんてないですからね」。

たてもんの大柱の長さは16mで諏訪大社の一之御柱に近い長さです。「明治、大正、昭和とだんだん大きくなっていったようです」。少しだけ、諏訪の本社とのつながりを見つけた思いでした。

越後・東北の巻

神は世につれ 柵（さく）につれ

1　越後の国は諏訪社天国

信濃からの屯田兵

古代の日本海沿岸域で、「高志（越）国」と呼ばれていたのは、福井県から新潟県にかけてでした。

3世紀後半に奈良盆地に成立したヤマト王権は、国家としての体裁を整えながら、だんだんと勢力を拡大していきます。7世紀後半には、日本海沿岸に広がっていた「気多政治圏」（地域国家連合）ともいえる高志国を抑え込みます。高志国の北にはさらに、ヤマト王権に服属しない「蝦夷」が住んでいました。

ヤマト王権はどんな手を打って、蝦夷のエリアに勢力を広げたのか。『日本書紀』の大化4年（648）の項にこんな記述を見つけました。

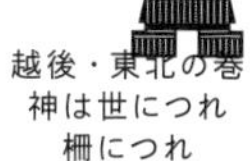

磐舟柵（いわふねのき）を造り、蝦夷に備える。越と信濃の民を選び、初めて柵戸（きのへ）を置く。
（『日本書紀』より現代語訳）

「柵」というのは、今でいうフェンスではなく、蝦夷対策のために設けられた軍事と行政・開拓の拠点のことです。いわゆる城柵、大きな砦（とりで）と言ってもいいかもしれません。そこに兵士を兼ねた開拓民として移住させられた人々が「柵戸」、つまり屯田兵であり、注目すべきはこの時移住させられたのが信濃の民だったということです。

磐舟柵は、新潟県の最北端に位置する村上市の荒川河口に近い岩船付近にあったと推定されています。ヤマト王権はこうした柵を日本海に流れ込む川の河口付近に設置したとされ、日本海沿岸への進出は海に直結する河川河口を点々と結ぶ海上交通ルートで支えられていたことがわかっているそうです。

高志の最北端で屯田兵となった信濃の民。彼らは移住するにあたって信じる神さまを一緒に連れていきました。村上市より少し南に位置する新潟県新発田（しばた）市の諏訪神社こそ、移住した彼らが故郷の諏訪神社の分霊を勧請して祀ったとされている諏訪社です。

この諏訪神社はもともと大化4年（648）、新発田市に隣接して日本海に面する北蒲原郡聖籠町に鎮座したと伝わります。聖籠町の加治川河口の砂丘地には諏訪山という地名が残っています。諏訪山の辺りもヤマト王権の重要拠点の一つだったのでしょう。

ただ、信濃の民が移住させられた磐舟柵が、村上市の荒川河口に近い岩船付近にあったとすれば、岩船と諏訪山はずいぶん距離があります。この疑問に答えてくれたのは、新発田市の諏訪神社宮司、畠山資邦さんでした。

「ヤマト王権は磐舟柵を造る前年の大化3年に、『渟足柵』という別の柵を造っていました。その場所は、新潟市の信濃川あるいは阿賀野川の河口付近と推定されています。つまり、聖籠町の諏訪山は渟足柵と磐舟柵のちょうど中間なんです。そこに最初、お諏訪さまが鎮座したという話が残っているんです」

続いて畠山宮司の口から飛び出したのは、「勧請された時、信濃国から大祝家の人がついて来ているんです。大祝家のどなたかはわかりませんが」という思いもかけなかった爆弾発言。並んで話を聞いていた編集者Nさんとわたくしは、思わず顔を見合わ

屯田兵
信濃チーム
磐舟柵
諏訪神社
渟足柵
屯田兵
信濃チーム
お諏訪さまも
一緒なら
心強いね！
大祝家の人

せました。その家は、信州諏訪で祭政を司っていた大祝家・金刺氏のことでしょうか。

金刺氏は、ヤマト王権に服属して国造に任命された信濃の大首長の一族を祖先に持ち、諏訪社の最高神職・大祝となり、政治権力と祭祀権を握っていました。

大化元年（645）に起こった大化改新によって、それまでの国造による地方政治は、中央から派遣された国司に統轄される体制に移行します。国造の子孫たちは、国司の支配の下で郡の長官や次官となり、実質的な政治権力を確保していました。ということは、金刺氏がヤマト王権の命を受けて移住する人を選び、送り出していたのかもしれません。新発田市の諏訪神社の勧請は大化4年。大化の改新からわずか3年後、磐舟柵を造った年のことです。

「信濃の人は、塩の道から新潟の方へ上がってきて、いったん糸魚川まで出てから北上して来たと聞いています」と畠山宮司。「当時この辺りは人口が少なかったということもあって、信濃から越後へはたくさん人が入っているんです。屯田兵になって故郷を離れ、信仰の拠りどころが欲しいとなれば、自分たちが生まれ育ったところのお諏訪さまが一番じゃないですかね。それで新潟に諏訪神社が非常に多いのではないかと、私は考えています」

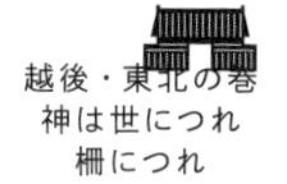

古代、そんなにたくさんの人が信濃から越後に移っていたとは。故郷から引き離されて、蝦夷との緊張状態にある未開の地に連れてこられたら、不安がいっぱいだったことでしょう。慣れ親しんだ諏訪の神さまを頼りにしたのは当然のことかもしれません。

それにしても、新潟県に〝非常に〟諏訪神社が多いということも驚きです。新潟県神社庁によると、新潟県の神社数は全国一の約4700社です。その中で一番多いのがなんと諏訪神社で約1500社。全国に〝五千とも一万〟ともされる諏訪大社の分社。長野県内に約1100社ですから、本家のお膝元より新潟県の方が多いのです。

新潟県に神社が多い理由について、新潟県神社庁の主な見解は次の二つ。

・広い穀倉地帯があり、自然にできた村落共同体が多く、そこにそれぞれ神社が祀られ五穀豊穣を祈る祭りが行われた。実際、新潟の町村数は「明治の大合併」（1889年）の前まで4593もあり、全国一だった。

・明治末期に政府が進めた神社合祀政策に消極的で、比較的影響を受けなかった。

諏訪神社は新潟県内くまなく存在するものの、上越地方と信濃川沿いの中・下越地方に特に多く（『雪国の宗教風土』）、諏訪神社が多い理由としてまず挙げられているのはやはり「信州人の越後移住に伴う諏訪信仰の伝播」でした。

『諏訪市史』も、古代の東北・越後地方に信濃の農民が何回も移住させられており、「対蝦夷の農民兵として精神的緊張から、諏訪神社を勧請して守護神とした神社も多いと考えられる」と書いています。

時代が下って15世紀には、越後は大河川の支流域で用水路を造って水田を造成する大開発時代を迎え、水の神として知られた諏訪神が招かれ、戦国期から近世にかけては信濃から越後に開発百姓がやって来て、近世の上越地方では用水による新田開発地域で盛んに諏訪神社ができた（『上越市史』）。中越地方でも「近世における新潟県下の新田開発の地域に数多く諏訪社が勧請されているところから、農業神としての浸透があったのではないか。信州人の越後移住に伴う諏訪信仰の伝播が推測される」（『出雲崎町史』）と、これでもかというくらい信州人移住の記述が見つかりました。

かつて広大な沼地が広がっていた越後平野の新田開発で、石高が3倍近くまで増加したという江戸時代、耕地が誕生すると新しい村ができ、そこに信州人の移住はなくとも

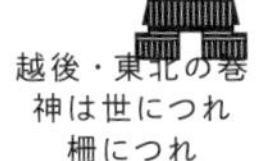

開拓の守護神・農業神として諏訪神が勧請されることもあったようです。
信州人が開発のために移住して越後の人となり、一緒に移住した諏訪の神さまも気がつけば越後人の神さまになってしまった―。新潟に諏訪神社が多いのは、タケミナカタが上越出身という縁の深さもあるのかと思いましたが、それは出てきませんでした。

信仰の形は変幻自在

農業神としての諏訪神の一方で、鎌倉時代以降は、武神としての諏訪神も顔を出し始めます。

源頼朝によって越後守護に任じられた佐々木盛綱はじめ、子孫の新発田氏（新発田城主）は諏訪神を崇敬していました。北蒲原郡聖籠町にあった諏訪神社を新発田市中曽根町に遷座したのも新発田氏だといわれています。

地元の権力者の崇敬を受けた新発田の諏訪神社は順風満帆…かと思ったら、安土桃山時代の天正15年（1587）にその新発田氏が滅亡。「資料も失われ神職も追放され、一時衰退を見る」（『新発田郷土誌38号』）とあり、神職が追放されるほど、新発田氏との結び付きが強かったことがしのばれます。

ところで、古代に信州諏訪の大祝家から遣わされたという神職はどうなったのか気になります。畠山宮司は「絶えてしまったんですね」ときっぱり。いつ頃いなくなったのかはわかりません。

その後、慶長年間（1596〜1615）に新発田藩初代藩主の溝口秀勝が諏訪神社を新発田城内に移し、「溝口家の守護神領内の総鎮守として、偶々（たまたま）寓居の渡辺忠元に祭祀を委ねられる」（『新発田郷土誌38号』）という記述を見つけました。渡辺忠元というのは室町中期から能登国を治めた能登畠山氏の後裔。七尾城の落城後、事情があって渡辺姓を名乗っていましたが、天保5年（1834）に旧姓の畠山に戻した（『新発田郷土誌38号』）。能登七尾の人がなぜここにいたのかは不明です。

畠山という名前に聞き覚えがあると思ったら、諏訪神社の現宮司と同名です。畠山宮司に、この祭祀を任された渡辺氏こと能登畠山氏の後裔と何か関係があるのか聞いてみると、「言い伝えですから本当かどうかわかりませんが、七尾から数えて私は19代なん

そんなに
頼まれても…
諏訪明神
藩主溝口家の守護!
領内総鎮守!
商売繁盛!
武功!
農業!
願い事が
山積み
新発田藩に幸あれ
溝口家もよろしく
新発田氏よろしく
戦 勝
五穀豊穣
屯田兵守って
お願い
します!
殿様
溝口家
お願い
します!
宮司
畠山家
新発田の人々

です」。

新発田藩のいわゆる〝藩社〟となった諏訪神社は、徐々に待遇が高まっていきます。「溝口（新発田）藩の藩社にして、例年の祭礼も所謂官祭にして、その都度使用の祭神具は事前に神職より書き出さしめ作事方にて新造下付するを例とした」（『新発田郷土誌38号』）の記述を見れば、毎年の祭りは藩を挙げての藩祭りになり、毎年新しい祭神具を藩が作ってくれるなど至れり尽くせり。ここまで藩が関わるということは、藩の統治にメリットがあればこそでしょう。『新発田市史』は「祭礼神事の中には藩政の基底につながる五穀豊穣の祈願が取り入れられていて、城下町を中心とした共同体意識の強化や、藩の支配態勢の強化を図るものとして注目しておきたい」とまとめていました。

新発田城内に祀られていた諏訪神社は、3代藩主が鍛冶町へ、元禄元年（1688）に4代藩主が現在地に遷座しました。宝暦6年（1756）、7代藩主が建立した新社殿は「広壮森厳」と評されたほど豪勢だったようです。それほどまでに殿さまの肝入りだった諏訪神社の現在の社殿は、威風堂々としていますが一見したところそれほど古くなさそうです。聞けば、宝暦の社殿は平成13年（2001）11月に不審火で全焼、それを受けて「大勢の方々のご協力で、焼失から2年9カ月という早さで平成16年（200

4）に、旧社殿と同規模で竣工できました」とのことでした。

ところで、その新しい社殿より目を引いたのが、拝殿の右手前にそびえ立つ1本の御柱。根元に「諏訪大社春宮一之御柱」と書かれた札が添えられています。他ならぬ諏訪大社の、それも一之御柱がここに建っているのはどういうことでしょうか。「火事見舞いにおいでいただいた諏訪大社の平林宮司さんに、竣工の時に御柱を1本頂戴できませんかとお願いしたところ、快く承諾していただきまして」と畠山宮司。新社殿が竣工した平成16年はちょうど200回目の御柱祭の年でもあり、役目を終えた下社の秋宮二之柱を譲り受けて、第1回新発田御柱祭の開催につながります。

「最初に拝受した時、御柱に白無垢をまとわせて、大勢の市民で出迎えました。これに諏訪の方々が『新発田の皆さんが御柱を大変丁寧に扱い、大切にしてくれた』と感激され、平成22年（2010）の2回目は秋宮一之柱を拝受することになったのです」。平成28年（2016）の第3回、令和4年（2022）の第4回は春宮一之柱を拝受。新発田城址公園から新発田の町を台車に乗せて諏訪神社まで曳（ひ）いて、拝殿前に建てています。古御柱はもともと、それぞれのお宮とつながりのあるあちこちの地域にもらわれていきます。新発田もその払い下げ先の一つになったということでしょう。

氏子の皆さんも「大社から御柱をいただくのは光栄なこと」「諏訪の皆さんの熱い思いを引き継いで、地域に誇れる御柱祭にしたい」と熱が上がっているようで、畠山宮司は「諏訪に立っていたものを持ってくることに意味があるんだ、ということで回を重ねるにつれて盛り上がりが増しています。あれだけ存在感があると、なくすことは考えられません。末永く続けていかなければと思っています」と力を込めました。

古代、信濃からの移民と共にやって来た諏訪の大祝家の神職によって開かれたという新発田市の諏訪神社。諏訪とつながる神職は途絶えてしまいましたが、21世紀の今は諏訪大社から6年ごとにやって来る御柱を迎えるという新しい伝統が生まれていました。

2 出羽移住大作戦の痕跡

民族大移動の舞台裏

諏訪神社のさらなる北上を探していると、平安中期に編さんされた勅撰の歴史書『三代実録』に諏訪神社の記述を見つけました。貞観12年（870）8月28日条に、出羽国の「須波神」に従五位下を授けたとあります。

この須波神と推定される諏訪神社は幾つかあるようですが、有力な候補の一つに山形県東置賜郡川西町の諏訪神社がありました。新潟県の下越地方から山形県の置賜地方に通じる越後米沢街道に連なる13の峠のうち、置賜に入って最後の13番目は諏訪峠といい、名前の由来は峠の麓にこの諏訪神社が鎮座しているからだというのです。

川西町上小松の諏訪神社は奈良時代の黎明期、「和銅年中（708～715）に社殿が造営された」と伝わっていました。ヤマト王権が、日本海側の越（高志）国に蝦夷征服の軍事と政治の拠点となる「柵」を設けながら北上を続けたことにつながっているのでしょうか。

そんな関連を推理しながら立ち寄った川西町立図書館で、偶然出会った置賜民俗学会の渡邊敏和さんから、いきなり核心を突く話を聞きました。「古代は海沿いに拠点となる柵をポンポンと設けて、点から面へと征服していきました。拠点の周辺に統治できていない民がいっぱいいるわけですから、拠点ごとに徐々に従えていって、面になるんですよ」。それがどう置賜の諏訪神社に結び付いていくのかというと、「出羽という国自体が、越後国から発生していましてね」――。

越国が朝廷によって越前・越中・越後の3国に分割されたのは7世紀後半と考えられています。成立当初の越後国の北端は、現在の山形県に及んでいて、和銅元年（708）9月、越後国の北辺に出羽郡が設置され、庄内地方に居住する蝦夷の取り込みが図られます。出羽は「出端」の意味で、越後国にとって北端に出ていたことからの命名説があるのだそうです。初めは越後国に所属する出羽郡として成立し、それまで朝廷の支配外にいた蝦夷を従えて、税を納めさせ、軍役を担わせようとしたのです。

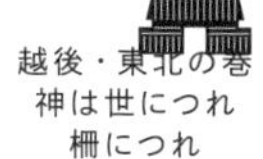

これと前後して、蝦夷征服と出羽支配の拠点を確保するために、出羽郡の中に出羽柵が設置されます。出羽柵の所在地は特定されていませんが、日本海に直結できる庄内地方の赤川流域などと推定されています。

この出羽郡の成立に反発した現地の蝦夷は、出羽のあちこちで徹底抗戦。『続日本紀』の和銅2年（709）3月5日条には「陸奥と越後二国の蝦夷が律令国家に馴れ難く、しばしば良民を害している」という記述もありました。

朝廷はもちろん黙っていません。遠江・駿河・甲斐・信濃・上野・越前・越中などから集められた大軍が、東山道と北陸道から蝦夷征伐に向かい、約半年で制圧します。ここでも信濃から徴兵されていたので、信濃の兵たちが諏訪の神さまを出羽に奉じて行ったのかと期待が高まりましたが、出番はまだ先。「征討の結果、和銅5年（712）9月に越後国から出羽郡を独立させて出羽国がつくられ、10月には隣の陸奥国から最上と置賜の2郡を出羽国に編入する方針が打ち出されます」と渡邉さん。こうして、今の山形県とほぼ同じ範囲の出羽国が誕生しました。

出羽国建国の2年後、『続日本紀』和銅7年（714）10月2日条に「勅して、尾張・上野・信濃・越後等の国の民二百戸を割きて出羽柵戸に配す」とありました。柵戸は屯田移民のこと。信濃の民はまた屯田兵要員として今度は出羽へ移住し、城柵役所としての役割もあった出羽柵に配置され、開拓や守衛に当たりました。まずは柵の中に住みながら、じわじわと周りを開墾し、現地の蝦夷を取り込んでいく作戦です。

さらに2年後。『続日本紀』霊亀2年（716）9月23日条に、中納言巨勢万呂（麻呂とも）が朝廷に申し立てた意見が載っています。巨勢万呂は、和銅2年の蝦夷征伐の時、陸奥鎮東将軍だった人物です。

> 出羽国を建てて既に数年を経たが、官吏も人民も少なく、蝦夷もまだ従順ではない。しかしその土地は肥沃にして、田野は広大である。そこで近国の人民を出羽国に移住させ、蝦夷を教え諭すとともに、土地から生ずる利益を確保させよう。
>
> （『続日本紀』より現代語訳）

ああ、巨勢万呂さん、わかります。置賜地方を車で走っていると、田畑が広々と続いていて、いかにここが実り豊かな地かということが。だからといって、自分勝手に侵略していいわけではありません。蝦夷から見れば言語道断以外の何物でもないわけで。

巨勢万呂の建言は朝廷に通り、「信濃・上野・越前・越後四国の百姓各百戸を出羽国に隷わしむ」と、上信越の4国から各100戸、計400戸の移民の措置がとられます。信濃の民に、さらなる移住命令の発動です。

それを翌養老元年（717）2月26日条で「信濃・上野・越前・越後の百姓各百戸を出羽柵戸に配す」と実行に移し、さらに養老3年（719）7月9日条にも「東海道・東山道・北陸道、三道の民二百戸を移して、出羽柵に配す」。もはや移民の嵐。こうした度重なる柵戸の投入について、『山形県の歴史』も「山形の地の住民構成に大変化をもたらした。民族大移動ともいうべき南・西からの人びとの移入があった」と書いています。朝廷の柵戸投入により、山形の地に信濃から諏訪神社がもたらされた、というのは間違いなさそうです。

信濃移民の山形へのルートについて、置賜民俗学会の渡邊さんは、「越後の方から入ってきて、出羽に一番最初に諏訪神が入ったのが川西町だ」と考えていました。わたくしはこれまで、信濃から東北へ行くなら東山道、と思い込んでいましたが、『越と古代の北陸』の一項「律令国家の東北経営と越後」によると、①出羽郡が越後国の一郡として位置づけられている間は、越後から日本海沿岸伝いの北陸道ルート、②出羽国が設置され、最上・置賜二郡が陸奥国から編入され、出羽国は越後国よりも陸奥国と結び付きが強くなると、東山道からのルートを整備開拓、と変化したことがわかります。つまり、移民たちの大移動が行われていた頃は、まだ北陸道ルートの方がメインストリートだったということです。

　他国からの移民は、出羽の国に大きな変化をもたらしました。『山形県史』が「農業の先進地から移住した柵戸によって、産業の開発充実が計られ、それは必然的に狩猟・採取中心だった蝦夷が、農耕民へと変化をもたらすようになるのである。蝦夷の班田農民化の重要な一過程である」と書いています。

　信濃移民が開拓の神・農業の神として頼りにした諏訪神は、蝦夷にも受け入れられて信仰されるようになったのでしょう。川西町の諏訪神社の始まりについて、社伝は次のように伝えています。

> 往古、置賜郡は湖であった。地神大己貴命（オオクニヌシ）の子・健御名方命（タケミナカタ）に命じて、山を崩して水を通し、民の害を除かせた。工事は幾日もたたずに終わり、湖水は干拓されて平地となり、民たちは生業

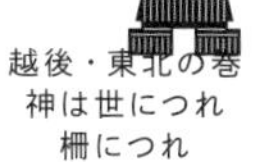

を得て、健御名方命の徳を崇敬して永く祀った。

（昭和18年版『山形縣神社誌』より要約）

ここでタケミナカタに命令したのは、天照大御神（アマテラス）一派（天神（あまつかみ））でしょうか。置賜の地名の由来について、置賜民俗学会の渡邊さんは「アイヌ語のウキ＝広い、タム＝葦の生えている谷地で、大湿地帯だった」と推測。「おく」＝浮く、「たま」＝溜まるで、水の多く溜まる湿地帯の意味とも伝わります。タケミナカタが置賜郡の開拓に尽くしたという伝説と、諏訪神を連れてきた信濃からの屯田兵たちの尽力が重なって見えます。

諏訪の地名が苗字に？

諏訪神社のある川西町上小松について、『川西町史』に面白い記述を見つけました。

「地元の人々は上小松に昔から金子姓が多いのは、信濃諏訪に金子村があって（現在の諏訪市大字中洲字上金子、中金子、下金子）和銅年間の信濃からの移民が故郷の名称を伝えたことによると信じている」。もっとも、これに続けて「但しこれにはただちに信をおきがたいものもあろう」とありますが。実は、現在の諏訪神社の宮司も金子さんです。

ところが、置賜民俗学会の渡邊さんの話では、明治の初めまで宮司は諏訪氏だったというのです。渡邊さんの調査によると、この諏訪氏には興味深い苗字改名の変遷がありました。

明治4年（1871）正月、諏訪神社の当時の神主・諏訪宗理が藩庁庶務役所へ次のような書上げを提出していました。

> 先祖洲羽（すわ）の長と申す者が、諏訪社建立の節、神主になりました。子孫連綿と勤めてきまして、五十二代目の宗理と申します。永禄三年（1560）に家名を「諏訪」と改めてから私の代までで十一代です。
>
> （書上げより要約）

What's your name?
諏訪神
あなたの　お名前　なんて〜の？
金子です〜！
金子〜！
川西町上小松
八嶋です〜！
諏訪〜！
私は片倉で
ございます！

翌2月、諏訪宗理は「苗字についてご命令になられた事」について役所へお伺いを立てました。その前書きには「諏訪大明神を崇敬しているといっても、諏訪という苗字は神主が神聖を犯すことに当たるので相ならぬと命令されました。ただし社寺役人様から役所へ伺書を出すよう言われたので、早速お伺いします（要約）」、続けて本文に「私の本姓は八嶋ですが、永禄三年より諏訪と名乗ってきました。諏訪大明神の諏訪に対して私も諏訪というのは、神の名を犯すことに当たるので、本姓の八嶋に復したくお伺いします（要約）」とあり、役所から「諏訪」に難癖を付けられて、困惑している様子が目に浮かびます。

諏訪宗理が正月早々役所へ書上げを提出したりお伺いを立てている明治4年は、神職の世襲が廃止され、任命制になった年です。明治維新で大きく変わった神社制度は、名前の変更まで求めたのでしょうか。

上小松の諏訪神社でも世襲神職が解職されて、明治5年3月に「中小松の平民訓導・小野新が祠官を拝命」しています。しかし『郷社本記』には、明治30年（1897）に苗字の「八嶋」を「諏訪」に改めたと見えます」と渡邊さん。「ほかに史料がないの

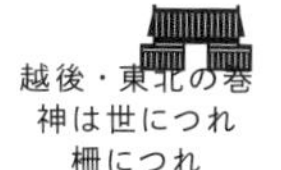

でよくわかりませんが、明治30年に諏訪神社に復帰した人が、八嶋から諏訪に変えたということだと思います」。世襲の前神主が諏訪神社に戻って、苗字も戻したのか。

諏訪神社の現在の宮司家、金子征美さんに聞いてみると、金子家は江戸時代から、同じ上小松にある置賜四所（ししょ）神社の宮司を務めていたそうです。「諏訪神社の諏訪さんが亡くなって、次の代の方が宮司をしないということで、宮司を引き受けたと聞いています。交代したのはうちの祖父の代、昭和初期のことです」とのこと。今は諏訪神社が本務社で、置賜四所神社を兼務しています。

実は置賜四所神社も諏訪神社と同じ和銅年中（７０８〜７１５）に創建されたとする古社でした。その由緒を読んで、驚いたのなんの。

> 太古、当境（置賜郡）が湖水の時、天神の命で、諏訪神社祭神の建御名方命（タケミナカタ）と、戸隠神社祭神の天手力雄命（あめのたぢからお）（タヂカラオ）が力を合わせ、山を崩して水を通し平地となし、民たちは生業を得た。人々はその神徳を崇敬し、命（みこと）の荒魂（あらたま）を祀って置玉（置賜）宮と呼んだ。
>
> （『置賜四所明神社記』より要約）

どこかで聞いたような内容だと思ったら、まさに諏訪神社の社伝と同じなのです。違うのは諏訪と戸隠、信濃の二大神が力を合わせて置賜郡を開拓し、置玉（賜）宮にタヂカラオを祀ったこと。置賜宮は明治5年（1872）に置賜四所神社と改称されましたが、それは近隣にあった長森神社・塩野神社・神沢神社の3社を合祀したからです。戸隠の神さまも、信濃から送り込まれた移民が奉じてきたのか。遠く離れた山形の地で、信濃移民の奮闘がしのばれます。

諏訪神社の本殿は、見事な彫刻で埋め尽くされていて、見所満載。たっぷり楽しんだ後、美しい杉並木の参道を出てすぐの民家の前で足が止まりました。「あの表札を見て」。編集者Nさんが指さす先にあった苗字が「おお！　諏訪さん」。神社に縁のあったお宅でしょうか。付近の住宅地図を見てみると「やっぱり金子さんが何軒かある」「諏訪によくある『片倉』さんが3軒も」―。

古代の移民がそのまま苗字につながるとは思いませんが、やはり諏訪とのつながりを感じずにはいられませんでした。

3 秋田で見つけた現人神

田村麻呂ゆかりの諏訪神社

秋田県の南東部、大仙市と仙北郡美郷町にまたがって広がる一面の田んぼの中に、こんもりとした丘が二つ、ぽこぽこと盛り上がっていました。

平安初期の9世紀初頭、この丘を中心に造られたのが払田柵。蝦夷征服のための軍事と行政・開拓の拠点「柵」の本物の遺跡が目の前にあります。「木の柱が並んでいる！ 本当に〝柵〟なんですね」と編集者Nさん。

大きな門とそれに続く頑丈な材木塀が復元されて、そびえ立っています。約30センチ角で高さ約3・6メートルもある角材を並べた外柵と呼ばれる材木塀は、当時、総延長約3・6キロにも及んでいたといいます。

その外柵に囲まれた払田柵の広さは、87・8ヘクタール、東京ドーム8個分にもなります。のぞき込んだ門の先には、丘の中央部に置かれていたという政庁に向かうメインストリート、道幅約12メートルの大路（おおじ）が整備されていました。柵の中には川まで流れていて随分な蛇行っぷり。川の向こうに田んぼが広がっているところを見ると、柵の中での稲作に水を引いたり、物資を運んだりするのにも使っていたのでしょうか。

橋の先にある政庁の丘一帯は、南側が築地塀（ついじべい）、北側が材木塀でさらにぐるりと囲われて、所々に櫓（やぐら）のような施設もあったそうです。

「蝦夷の土地の真ん中で、二重に巡らされた頑丈な柵に守られて、役人や兵士や各地から集められた屯田（とんでん）兵が暮らしていたんだよ」「政庁のそばに清水が湧いていて、古代にも井戸として利用されていたことがわかっているって」。興奮さめやらず、口々に言い合うわたくしたち。Nさんが口にした「まさに前線基地。律令時代の東北は、西部開拓時代のアメリカですねえ」は言い得ています。

作家の司馬遼太郎が『街道をゆく　羽州街道』のなかで「中央政権は奥州征伐というものを繰りかえしたが、要するに弥生式農耕をすすめてまわる運動だったといってよく、その意味からいえば初期律令国家というのは水田農耕を推進して租税の増収をはかる公

ここはオレたちの土地だ!!
来るなー!
出ていけー!
どどどどー!
蝦夷が
来たぞ!!
任せろ!!
ぬかるな!!

社といったような性格があった」と書いていましたが、その結果が見渡す限りの美田だと納得しました。

中央政権は、越後から出羽へと拠点となる柵を次々に設けて、周囲を征服しながら北上を続けていきました。

払田柵は、史料に出てくるだけで遺跡が未発見のこれまでの柵と違って、史料が見当たらないのに大規模遺跡が見つかった珍しい古代遺跡です。史料に記述がある柵との大きな違いは、日本海から遠く離れた内陸部に位置していること。越後の渟足柵と磐舟柵も日本海沿岸の河川河口付近にあったと推定されていましたし、和銅2年（709）に造られた出羽柵も日本海に直結できる庄内地方の赤川流域が有力候補。この出羽柵は天平5年（733）に秋田市の中央部西端に移されますが、ここも日本海に面した高清水丘陵で、後に秋田城と呼ばれた所です。ところが払田柵があるのは、東北中央部を南北に延びる奥羽山脈の麓、横手盆地の南東部なのです。

史料に全く載っていない払田柵。いつ、なんのために造られたのでしょうか。

蝦夷の反乱が相次いだ奈良時代末、桓武天皇は極めて強硬な方針で蝦夷征討に乗り出しました。延暦13年（７９４）に10万余もの政府軍を送り出し、延暦20年（８０１）には征夷大将軍坂上田村麻呂率いる4万余の軍勢で侵攻します。膨大な被害を被った蝦夷は翌延暦21年、首長の阿弖流為たちが降伏します。

桓武天皇はさらなる侵攻を計画して、延暦21年から22年にかけて、出羽国とは奥羽山脈で隔てられた陸奥国に胆沢城（岩手県奥州市）と志波城（同盛岡市）を造ります。その胆沢・志波城と秋田城との中間に、中継拠点として設けたのが払田柵と考えられています（『山形県史』）。

払田柵から南へ4キロほどのところに「柵と同時期に創建された」との由緒をもつ諏訪神社がありました。秋田諏訪宮です。

「諏訪大神を奉じて征夷中」だった坂上田村麻呂が創建した、とされますが、都の武官の田村麻呂は一体いつどこで諏訪の神さまを知ったのでしょうか。

秋田諏訪宮の宮司代務者、齋藤則迪さんに聞いてみると、「秋田県内の多くの神社が田村麻呂による創建を伝えていますが、田村麻呂は秋田県内に足を踏み入れていないというのが定説です」と、いきなり自社の由緒がひっくり返るような話が始まりました。

齋藤さんによると、朝廷は陸奥国と出羽国の両方に拠点となる城柵を同時に造営。陸奥国は大将軍の田村麻呂が、出羽国は副将軍の文室綿麻呂（ふんやのわたまろ）が担当したと考えられていて「それが後世、陸奥・出羽両国の全ての事績が、偉大な田村麻呂将軍によるものと伝わったのだと思われます」。

実際、秋田大学名誉教授の新野直吉（にいのなおよし）さんによる『田村麻呂と阿弖流為』では、「東北には田村将軍の創祀と伝える神社が多いが、柵戸（きのへ）など移民集団が故郷から勧請した神でもなければあまり妥当性はない。そして史料も田村麻呂の敬神を示すものはあるが、勧請などということを示す史料は六国史（りっこくし）などにはない」とばっさり。とはいえ「だが、田村将軍敬慕が移民層だけではなく東北の人々に強く存在し、後世にもそれが増幅再生産されていくうちに、心の基底にある信仰文化についてまで、将軍の指導性を伝承のなかに組み込むことになったのであろう」と解説していました。

蝦夷の土地で柵に守られ、緊張状態で暮らした当時の人たちにとって、田村麻呂将軍は心理的にも偉大な英雄だったと思われます。それが時を経て、東北地方の平定に多大な功績を残したとして、律令の民に同化した蝦夷にも受け入れられていったということでしょうか。

しかし、問題はなぜここに諏訪神が祀られたのか、です。

『蝦夷と東北戦争』の一項「征夷と神々」には「征夷に徴発された軍士が地元の神を奉じて戦場に赴くこともあった」と書かれていましたが、征夷軍に諏訪をはじめ信濃の兵が加わっていて、諏訪神を奉じていった可能性があるということか。この頃になると、当初の北陸道ルートではなく、諏訪を通って信濃を大きく横切る古東山道のルートが征夷軍の重要通路だっただろうことは想像できます。となれば、蝦夷征討に向かう征夷軍が道中の住民を徴兵していった中に、諏訪神を連れた信濃の民がいたのかもしれません。

強硬な蝦夷征討が繰り広げられていた当時、諏訪の祭政を司り、中央ともつながりを持っていた金刺(かなさし)氏一族の誰かが従軍して功をなし、諏訪神の勧請に関わった、とも考えられます。諏訪上社大祝家の一族だった諏訪円忠が南北朝時代に編さんした『諏方(すわ)大明神画詞(えことば)』(以下『画詞』)には、「坂上田村麻呂は、延暦20年(801)蝦夷征討のため奥州へ向かい、東国第一の軍神と伝え聞く諏訪大明神に祈願して信州に至った。すると伊那郡と諏訪郡の境で、諏訪大明神が武将となって現れ、一行の先陣を切って奥州へ向かい、神変不思議を繰り出して勝利に導いた(要約)」と記されています。

諏訪大明神は9世紀初頭、既に「東国第一の軍神」として、都にも名が知れ渡っていたのか。その疑問は後の章に譲って、先に秋田の奥に進みます。

命をかけた源氏との接触

払田柵の南方に創建されたという秋田諏訪宮は、平安後期の永保３年（１０８３）〜寛治元年（１０８７）に行われた後三年の役の頃、合戦の舞台となった金沢（横手市）に移ったと伝わります。

後三年の役は、北東北で勢力を誇った清原氏の内紛に、国司である陸奥守の源義家が介入して平定した合戦です。この合戦について、社伝はこう語ります。「源義家の求めに応じて後三年の役に参陣した諏訪大祝為仲は、当時は金沢に鎮座していた諏訪宮で祭祀を行った」。

いやいや、ちょっと待ってください。諏訪大祝為仲が後三年の役に参陣とはどういうことでしょうか。

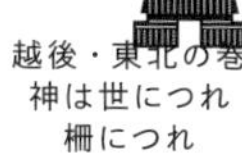

社伝がいう諏訪大祝というのは、諏訪明神の化身として生き神さまとあがめられた上社のトップ神職のことです。為仲は、諏訪上社大祝家を嫡流とする諏訪一族のまさにトップにいた人物。諏訪一族の系図『神氏系図』によると、為仲は大祝に就く前に起こった前九年の役（１０５１〜１０６２）で、源義家に従って戦功を挙げました。

源義家に再び奥州への従軍を誘われた時、大祝だった為仲。「大祝の職にある者は諏訪郡から出てはならない」というタブーを破って出陣し、途中で仲間内のトラブルに巻き込まれ自害する羽目に陥っています。諏訪では〝神罰〟とされた不慮の死を遂げたとされ、後三年の役には参陣できなかったはずです。わたくしの脳内には「死んだはずだよ為仲さん」がリフレイン。

実は『神氏系図』は、初代大祝の有員から為仲の祖父頼信までの間が空白。それは、奥州に向かった為仲がなぜか一族の系図や代々受け継いだ重要な勅裁文書などを持って出て、それらを行方不明にするという失態を犯したからです。おかげで『神氏系図』には「此間十四代系図紛失」と書かれていますし、子孫の大祝信重が鎌倉幕府へ差し出した『諏訪信重解状』には、「為仲は重要文書を携帯して行き、美濃国で不慮の死を遂げたので、紛失させてしまった」と責任を負わされています。

その死んだはずの為仲が後三年の役に参陣して、秋田諏訪宮で祭祀を行っているとは?!　しかも社伝には「寛治元年、凱旋に際して本殿に大祝像を祀らせ、当地に一男子を遺して諏訪宮の祀職と定めた。以後宮司家は代々『諏訪祝子』を称することとなる」と続いていました。「ホウリまたはホウリコという名乗り方をしていたようです」と宮司代務者の齋藤さん。大祝の子だから祝子ということでしょうか。

「いろいろな史料を見ますと、為仲さんは途中で亡くなっています。でも、為仲さんはお子さんやお孫さんがいますね。どなたか血縁の方がいらして、大祝像をお祀りした可能性はあるのかなと思っています」。確かに、為仲には子孫がいました。

『神氏系図』を見ると、為仲の息子為盛には「神罰により当職を継がず」と添え書きがあり、大祝職は弟の為貞が継いでいました。ただ、嫡流から外れた為仲系はその後、子孫が繁栄して関屋氏・深沢氏・皆野氏・三塚氏・四宮氏などの祖となっています。一族に災難を振りかけて嫡流から外れた子孫が、後世の一族が作った系図に事細かく記載されているだけでも違和感があるのに、子孫の増殖ぶりは目を見張るばかりです。

嫡流を継いだ弟為貞の子孫も、千野氏・藤沢氏・栗林氏・上原氏・矢島氏などの祖となって、これまた目覚ましく興隆しています。

現人神でありトップ神職でもあった「大祝」。諏訪郡内から外に出ることは諏訪明神が諏訪に鎮座して以来のタブーとされていたのに、為仲はそれを破ったばかりか、神罰とされる死を遂げた大祝です。『神氏系図』によれば、上社大祝家の神氏（諏訪氏）は平安末期から鎌倉初期にかけて34氏を数える一族を輩出し、その一族は、為仲と弟為貞から始まる二つの系統に大別できていました。

諏訪大社上社本宮を抱える『諏訪市史』はこれについて、「『神氏系図』の作者は、前九年・後三年の役の軍事参加を、諏訪一族発展の画期と見たのであろう」と分析していました。

当時、古代からの祭政一致の権力を持ち続けた諏訪社の大祝家は、自らの武力で土地や権益を守る必要に迫られて武士化し、武士の棟梁となった源氏や平氏の保護に頼りました。前九年の役は、上社大祝家と源氏との接触の第一歩。上社前宮を抱える『茅野市史』はこれを「上社社家の武士化のさきがけと考えられる」と位置付けます。

前九年・後三年の役によって東国に確固たる基盤を築いた源氏。上社大祝家の勢力も増大し、支族を諏訪郡と信濃の各地に分派し、それら大祝一族はそれぞれその地方の支配的権力となる。つまり、『神氏系図』の作者は、大祝のタブーを破ってでも源義家との関係を重んじて諏訪郡を出た為仲を、一族発展の道を開いたキーマンと位置付けたということが思われます。

実際、『系図が語る世界史』の一項「神を称する武士たち」で歴史学者の中澤克昭さんは、「為仲・為貞から始まる二つの系統に分類できる一族の多くについては、諏訪氏出身であることを確認できる同時代史料がなく、諏訪氏と婚姻関係があったことも確認できない」と記しています。血縁とは関係なく、「神」という一族に連なることに多大なメリットがあったと考えられます。

ところで、タブーを犯してまでも出陣した為仲が自害することになったトラブルというのは、途中の美濃国で源義家の弟義光から招かれた酒宴に行ったところ、双六(すごろく)が原因で争いとなり、多数の死傷者が出たことのようです。為仲はその責任をとって自害したというのですが、『画詞』には後日談がありました。

京都で知らせを聞いた義家は、眉毛もまつ毛もみな逆立つほど激怒して、「弟義光が大祝為仲を討たせたことは、生涯の遺恨である。大祝の跡を救わ

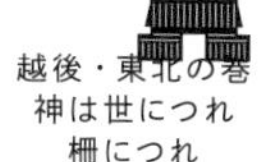

なければ、後進の勇士がどうして私を頼みとしようか。早く美濃に下向して、義光の考えを問いただささなければならない」と息巻いたが、周囲から「これは当座の喧嘩であって、その恨みを残してはなりません。適当な罪科は速やかに処すべきですが、兄弟の確執は他人のあざけりの的になります」と繰り返しいさめられ、数人の下手人を誅し、彼の地を神領に付けられた。

（『諏方大明神画詞』より要約）

源義家が上社大祝家に特別な思い入れをもっていたとする記述です。この頃から源氏と諏訪氏につながりがあったのは間違いありません。

本家も知らない諏訪氏の分派

秋田諏訪宮の社伝によると、大祝為仲の子孫の祝子は10代続いたそうです。その続きにまた驚くべきことが書いてありました。「大祝の子孫に男子が絶えたため、鎌倉の諏訪家から諏訪宗治（むねはる）が下向して十一代祝子となる。至徳（しとく）二年（１３８５）に二階堂氏と同時期に当地六郷に下る」。今度は後継ぎを諏訪からではなく鎌倉から迎えた⁉　時代は南北朝の末期です。

鎌倉で上社系諏訪氏が活躍したのは鎌倉中期以降。諏訪上社の大祝を引退した盛重が、鎌倉に出て執権北条氏の側近となって活躍したのが始まりです。子孫が数家に分かれて力を振るいましたが、幕府の滅亡で多くは北条氏と運命を共にしました。

つまり、１３８５年はとっくに鎌倉幕府は滅亡しているのです。鎌倉で生き残っていた諏訪氏の一人、諏訪宗治が秋田に下って11代になったということでしょうか。宮司代

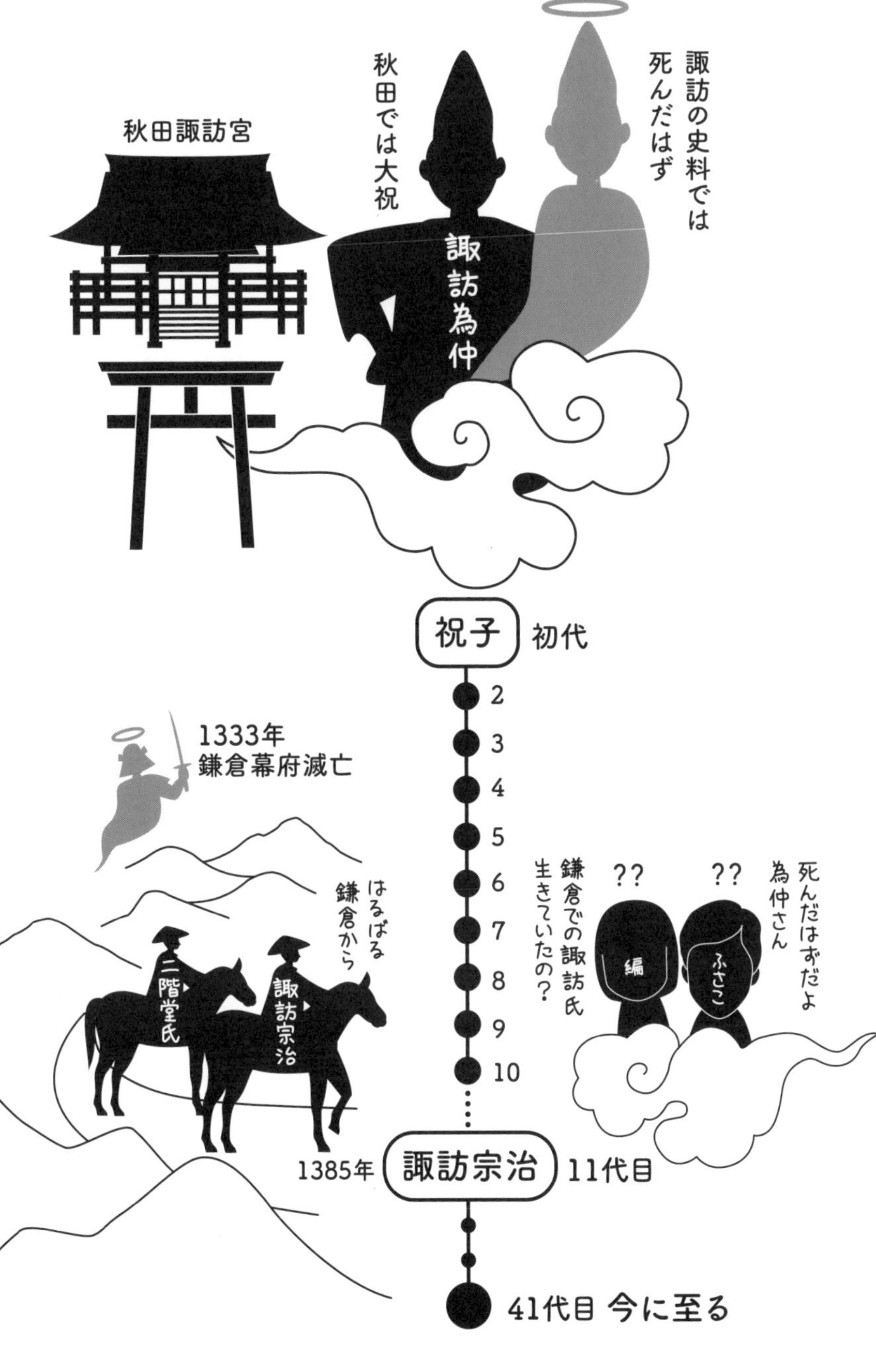
秋田諏訪宮
秋田では大祝
諏訪の史料では死んだはず
諏訪為仲
祝子 初代
2
3
4
5
6
7
8
9
10
1333年
鎌倉幕府滅亡
はるばる鎌倉から
二階堂氏
諏訪宗治
死んだはずだよ為仲さん
鎌倉での諏訪氏生きていたの？
??
??
編
ふさこ
1385年 諏訪宗治 11代目
41代目 今に至る

務者の齋藤さんによると「うちももともとはスワを名乗っておりまして、『諏方』の記載がありました」とのこと。秋田諏訪宮の宮司家も「諏訪氏」だったのです。

ここで鎌倉の諏訪氏と秋田の諏訪宮を結び付けるのに一役買ったと考えられるのが、二階堂氏です。二階堂氏は、鎌倉・室町幕府を通じて有力な官僚として活躍し、子孫が全国各地に広がったという一族です。二階堂氏は秋田諏訪宮のある六郷の領主となり、戦国時代に六郷氏を名乗ります。

秋田諏訪宮は、鎌倉時代の初めには六郷に遷座しています。鎌倉から下向した宗治の子孫について社伝は「以後二百年、十代の間『諏訪祝子』として宮司でありながら武家として二階堂氏（六郷氏）と共に戦場を駆け、共に町づくりを進めて諏訪宮は六郷総鎮守となる」と書いています。

神職であり武将でもあったというのは、諏訪の大祝家と一緒ですが、社伝は「慶長五年（１６００）六郷氏が関ヶ原合戦に出陣の際、諏訪祝子は同行せず。徳川方に味方した六郷氏が、慶長七年（１６０２）常陸（ひたち）国（茨城県）府中に一万石の領地を得て移り、秋田県の大半が佐竹氏の領地となったのを境に、宮司家は神職専一となる」と続きます。

諏訪上社の大祝家も、徳川からの出陣要請に備えて天正15年（1587）、嫡男の系統を領主家とし、四男の系統を大祝家として分立させ、古代からの祭政一致を分離。大祝家はそれ以後、祭祀に専念する家として続いていきました。

神職専一となった秋田諏訪宮の宮司家は元禄3年（1690）、諏訪姓を齋藤に改めました。『齋藤と変える』と1行あるだけ。諏訪という名字だったらよかったのに」と齋藤さん。当時の秋田では齋藤の方がネームバリューがあったのか、諏訪を名乗るデメリットがあったのか。なぜ変えたのかはわからないそうです。

明治維新を迎えて明治4年（1871）、神職の世襲が廃止され、任命制とすることが定められた後も、齋藤家は秋田諏訪宮の宮司であり続けました。

諏訪では大祝の職が消え、上社大祝家の当主は普通の神職となり、平成14年（2002）には子孫も絶えて、空き家となった大祝屋敷が残されているばかり。片や秋田諏訪宮では、齋藤さんが宮司昇格の暁には、41代諏訪祝子になることが決まっています。

8月の例大祭には、御神体の大祝像が神輿に乗って町内を一周します。秋田では今も大祝が神として祀られていました。

COLUMN 3

航海守護も守備範囲

本州の北端、青森湾に注ぐ堤川の河口近くにある諏訪神社は、平安中期の貴族で歌人の藤原実方(さねかた)が諏訪神を勧請したのが始まりと伝わります。藤原実方？　誰それ…。

「百人一首に実方の歌がありますよ」と編集者Nさん。なるほど、ありました。51番目の歌。「かくとだにえやはいぶきのさしも草　さしも知らじな燃ゆる思ひを」（こんなにもあなたを恋い慕っているとさえ言うことができないのですから、伊吹山のさしも草のように燃える私の恋心を、あなたはご存じないのでしょう）。さしも草とは、お灸(きゅう)に用いるもぐさのこと。こんな熱い歌を贈られたら、恋の炎が一気に燃え上がってしまうかもしれないじゃありませんか。

「実方は清少納言の恋人の1人とも言われてます」「えっ、そうなの？」…！　美意識が高くて当意即妙、毒舌の才女・清少納言をその気にさせた男が神社を開くって…?!

調べました。実方は左大臣・藤原師尹(もろただ)の孫にあたり、藤原道長のハトコ。名門の出ながら主流からは外れた身です。とはいえ当代きっての風流歌人で舞にも秀でた花形貴公子。清少納言と恋愛関係にあったと伝わる歌は、「私のことを忘れちゃったのね」と言われて詠んだ「忘れずよまた忘れずよかはら屋の　下焚く煙むせびつつ」（忘れませんよ。決して忘れませんよ。瓦を焼くかまどの下の煙のように、心の中であなたを思ってむせび泣いているのです）…。しゃあしゃあと、こんなことを言う色男です。他にも多くの女性と恋愛関係を持ったことが知られ、『源氏物語』の光源氏のモデルの1人といわれるほど華やかな存在とは！

そんな実方が青森に諏訪神を勧請したきっかけを、鎌倉中期の説和集『十訓抄(じっきんしょう)』に見つけました。「何をイライラしていたのか、宮中で藤原行成(ゆきなり)と顔を合わせた実方が突然、行成の冠(かんむり)を叩き落とした時、少しも慌てずに冠をかぶり直して礼儀正しく応対した行成に対し、実方は拍子抜けして逃げてしまった。それを見ていた一条天皇が行成を蔵人頭(くろうどのとう)に昇進させ、実方は陸奥守(むつのかみ)に左遷した（要約）」という内容。実方は長徳元年（995）9月に赴任、みちのくを巡り歩いた際、諏訪神を勧請したのが始まりということです。

ところが、宮司の柿崎信也さんによると「実方さんは青森には来ていないようですし、ここにお宮を造ったという確かな証拠はないんです。この辺りでは、田村麻呂がお宮を建てたという話が多くあるので、中古三十六歌仙の一人で、光源氏のモデルともいわれている有名な実方さんを巻き込んだ後付けの話かと思います」。実方はかつて、それほどまでに有名人だったということでしょうか。けれど運には味方されなかったのか、長徳4年（998）笠島道祖神（宮城県名取市笠島）の前を通った時、乗っていた馬が突然倒れ下敷きになって亡くなったとされていました。齢40歳ほど。

先出の『十訓抄』には、没後の実方について続きがあって「実方は左遷の恨みを募らせながら陸奥で没し、その後、雀と化して京へ舞い戻り、内裏へ入り込んで台盤の飯をついばんでいたという噂が流れた（要約）」と…。内裏に侵入する雀だから入内雀（にゅうないすずめ）と呼んだというのがニュウナイスズメの名前の由来ともされ、風流で鳴らした色男なのに恨みの晴らし方がみみっちいと思ったら、ニュウナイスズメは本州北部で繁殖し、かつては秋の渡りに大群をなして稲に大害を与えたのだそう。失意のうちに亡くなった〝しくじり貴公子〟は、都から遠く離れた地の伝説や神社創建の由緒に名前が残ることをどう思っているのやら。

この諏訪神社の由来に関する古文書は見当たりませんが、安政2年（1855）の『調書上帖（しらべかきあげちょう）』に、江戸時代に新たな役割を与えられたことが記されていました。寛永2年（1625）、弘前藩が領内の米や木材を江戸に輸送するため青森港を開いたのに伴い、開港奉行の森山彌七郎は同8年（1631）、海上安全を祈願するため合浦（がっぽ）公園の辺りにあった諏訪神社を堤川河口付近の中洲に遷座します。

開港奉行が諏訪神社を選んだと考えられる理由は二つ。一つは、水に関わる一切を司る水神として知られていたこと。もう一つは、神功皇后の三韓征伐以来、航海守護の神として崇敬を集めていたことです。

神功皇后は、記紀が伝える仲哀（ちゅうあい）天皇の皇后で、天皇の急死後、神託に従い朝鮮半島に出陣し、新羅ばかりか百済・高句麗も降伏させたという伝説の女傑。諏訪神がどう関わったかといえば、南北朝時代に編さんされた『諏方（すわ）大明神画詞（えことば）』によると「松浦（長崎県）に到着したわずかな皇后軍に対して、異敵は千倍、万倍。力で争うことは不可能だと皇后が占うと吉兆が現れ、空から諏訪と住吉の二神が現れた。（中略）新羅に出発するため皇后が船に乗り込むと、諏訪神と住吉神が先陣し、たちまちにして敵地に到着。皇后軍は圧勝し、高句麗・百済の二王も戦わず降伏した（要約）」。江戸初期、諏訪神のこうした神話は青森にも知れわたっていたことになります。

もともと水や風を司る自然の神だった諏訪神に、出雲の国譲り神話と結び付いて建御名方神が仲間入りしたり、開拓や農業・漁業の神になったり、さまざまな神話に登場して航海守護の神になったり軍神になったり。守備範囲がどんどん膨らんでいったことに、「日本の神さまはおおらかですからね。何でも受け入れてくれます。来る者は拒まず、去る者は追わずというスタンスだと思います」と柿崎宮司。

境内の手水にもイルカがいる

江戸時代、青森町の繁華街は諏訪神社を中心に広がっていて、青森名勝の一つだったほど。しかし、明治5年（1872）の大火で焼失してしまい、堤川に面する現在地に遷座しました。

境内入口の案内板には、平安装束を身につけた可愛いイルカのキャラクター「諏訪乃いるか丸」がいました。平安装束は藤原実方をイメージしているのでしょうが、なぜイルカ？

「イルカが毎月一度ずつ、群れをなして堤川を上って諏訪の社へ参詣するという『イルカの諏訪詣伝説』がありまして、天明6年（1786）に記された『津軽俗説選』に載っています。神さまのお使いとして上ってきたのかなと思います。今でも湾内にはイルカがたくさんいますから、まんざらデタラメな話ではないと思います」

神さまのお使いといえば、稲荷大社のキツネや春日大社のシカが有名ですが、諏訪神社のお使いがイルカ！「全国で他にないのでは」と柿崎宮司が胸を張る独自色豊かな青森の諏訪信仰。「ここは諏訪神社ですが、特に本社を意識してというのはあまりないようです」との言葉どおり、由緒に信州とのつながりは全く出てきません。本社から遠くなればなるほど、独自に進化発展している諏訪神社に出合えることを実感しました。

鎌倉の巻

神の威光より
武士の意向

1　下社と上社の処世術

諏訪地、諏訪屋敷、諏訪の森

東北に広がった諏訪神社は、屯田兵や蝦夷征伐に駆り出された信濃の民が連れていった諏訪の神さまをお祀りしたことがわかってきました。

ならば鎌倉時代、鎌倉幕府の官僚となったり、執権北条氏の側近となったりして活躍した諏訪氏が、鎌倉に連れていった諏訪神社がきっとあるはず。次のターゲットは鎌倉です。鎌倉の地図を見ると、鎌倉市役所の道向かいに諏訪神社がありました。風格ある社寺がたくさんある鎌倉の諏訪神社。一体どんな神社でしょうか。

鎌倉駅から鶴岡八幡宮方面への東口とは反対の西口から歩いて5分ほど。わくわくしながら行ってみると「これですか!?」。拍子抜けするほど小さなお社で、由緒書の案内板一つ立っていません。こんな時は地元の図書館で郷土資料に当たるのが一番。近くの鎌倉市中央図書館にありました。

『鎌倉の地名由来辞典』によると、鎌倉市役所の駐車場付近はかつて「諏訪地」と呼ばれていました。「信濃の豪族で鎌倉幕府の有力御家人、諏訪氏の屋敷跡」だから「諏訪地」で、邸内に諏訪神社が祀られていたと伝わっていますが、諏訪地と呼ばれた駐車場付近と、現在の諏訪神社が鎮座している場所は道を挟んで少し離れています。

この神社をお祀りしているのは誰か。あちこち問い合わせた結果、神社がある御成(おなり)町(まち)の自治会の一つ、末広自治会の「諏訪神社世話人会」が維持管理に当たっていました。早速連絡を取ると、末広自治会と世話人会の皆さんと会えることに。諏訪神社で待ち合わせです。

「もともと諏訪神社は、今は市役所の駐車場になっているあの辺りにあったんですよ」。末広自治会長の米里文明(よねさとふみあき)さんが指をさしながら教えてくれました。神社の隣の末広自治会館が社務所を兼ねているそうで、自治会館の入口の扉を開いた裏側に由緒書が貼ってあるではありませんか。ああ、こんな所に。

世話人会が作成したという諏訪神社の資料をいただき、まずは昭和34年（１９５９）の地図で、「銀座通り（現御成通り）の中ほどの安保医院の角から曲がって延びているのが『諏訪の小道』と言われていた参道です。その先に諏訪神社があったんです」と世話人会の野村さん。参道が曲がっているのは、川に沿っていたからなのだそう。神社にはけっこう大きな池が描かれ、「諏訪ノ森」として緑色で大きく囲まれた空間が広がっています。

末広自治会長の米里さんによると、「私が小さい頃はこの辺りが全部森で、一周回れるようになっていました。子どもの遊び場です」。世話人会の佐藤信一さんも「市役所の駐車場辺りにあった諏訪池は大きな池で、さまざまな水草が茂り、ザリガニがいたりフナやコイが泳いでいて、子どもたちにとってはザリガニ捕りや釣りの格好の遊び場でした」。皆さんの子どもの頃の記憶に、かつての諏訪神社が楽しい思い出として刻まれています。

「鎌倉時代はともかく、室町・戦国・江戸時代から今に至るまで、諏訪神社が残っているのがすごいと思います」と末広自治会長の米里さん。「鎌倉幕府が滅亡し諏訪一族が去った後、神社は地元の人によって細々と守られてきた」と伝えられているそうですが、鎌倉幕府滅亡とともに鎌倉の諏訪一族は去ったのか滅びたのか、その辺りのことはわかりません。

諏訪の森
諏訪神社
いい世の中になったなぁ！
タケミナカタ
諏訪池
諏訪の小道
諏訪神社を移さなくちゃ
このあたりに役所を建てよう
鎌倉市 役人

「諏訪地」と称した諏訪氏の屋敷跡については、江戸初期の貞享2年（1685）刊行の地誌『鎌倉志』に「千葉屋敷ノ東南ノ畠ヲ云、昔諏訪氏ノ宅宇アリシトナリ」と記されていました。鎌倉市中央図書館の近代史資料室の平田恵美さんが「明治24年（1891）の鎌倉実測図の中に、『チバヤシキ』と並んで南の方に『諏訪ヤシキ』と書いてあります」と教えてくれました。

鎌倉幕府滅亡以降、明治になるまでの諏訪地のことはよくわかりませんが、明治半ば以降の数奇な変遷が伝わっています。

まずは明治32年（1899）、諏訪地を含む広大な土地に鎌倉御用邸が新設され、諏訪神社は御用邸の敷地内に。やんごとないエリアに含まれて諏訪神社はどうなったのだろうと思ったら、「明治時代には、この神社の祭礼に師範学校生徒やその他多くの人々が招待されたという」（『鎌倉教育史』）とあって、祭りが行われていたことがわかります。

昭和6年（1931）鎌倉御用邸が廃止され、跡地に現在の市立御成小学校が開校。学校の敷地内にそのまま祀られることとなり、「御成小学校に引き継がれて後も、八月ににぎやかに祭礼が行われている」（『鎌倉教育史』）。校地の中に諏訪池も残り、諏訪池や諏訪の森は、御成小学校の校歌（佐佐木信綱作詞）にも「池水清き諏訪の森」とうたわれました。池の北側に神社がありました。

敗戦後の動きについて『鎌倉教育史』は、「進駐軍の四大指令によって校地内にある神社は撤去を命ぜられたので、南面していた神社を東向きに変えて、近くの町内の氏神とした」と伝えています。公立小学校の中に神社があるのはいかんということなのですが、小学校の方を向いていた神社を90度ぐるっと末広町の方に向けて、氏神としたというのです。とんち話のようで笑ってしまいましたが、これで許されたのでしょうか。

地元の方々が編集委員会を作って平成20年（２００８）に刊行した『鎌倉御成町いまむかし』には、次のように記されています。

　敗戦により、学校での神社崇拝が禁じられ、神社を他の地に移さなくてはならなくなったため、地元末広町が社殿及び祭具一式を無償で譲り受け、末広町公会堂の空き地（現・ホテルニューカマクラ隣）に仮安置し祀りました。
　そして昭和二十八年、元の諏訪の森に還元し、末広町と蔵屋敷の二つの町の鎮守として祀ることになり、翌二十九年五月、氏子総代（名前略）等により、遷宮及び竣工奉告祭が盛大に執り行われました。
この時、社殿は町内をのぞむように東に向けて建てられ、諏訪池とともに広く市民から親しまれることとなりました。

（『鎌倉御成町いまむかし』より引用）

諏訪池の西には、昭和23年（１９４８）に市立御成中学校が建てられていました。中学校の校舎が東に増築されるにしたがって森の木は切られ、池は次第に埋められ縮小していった（『鎌倉教育史』）とはいえ、世話人会の皆さんが通学していた頃は辺り一帯が「諏訪の森」と呼ばれる緑豊かな場所で、それこそ格好の遊び場だった……。市役所側の歩道脇に残るタブノキやクスノキなどの大木はその名残であり、歩道の線が諏訪神社の参道にあたっていて、世話人会の佐藤さんが、老タブノキの根元に「諏訪神社参道」と記した円柱状の石碑が立っていると教えてくれました。石碑の裏には「昭和二十九年五月建之」と刻まれていて、まさに諏訪神社が元の諏訪の森に還元した記念に建てられたものでした。

それが昭和44年（１９６９）、鎌倉市役所の新築に伴い中学校は移転、諏訪池は完全に埋め立てられ、神社は現在地に移されます。転座入魂式を行ったのは昭和43年３月29日でした。昭和の激動に伴う度重なる移転で、神さまも「おいおい、また引っ越しかい」とぼやいていたのでは。

現在、諏訪地と呼ばれた諏訪氏の屋敷跡は、一面コンクリートにおおわれた市役所駐車場などになっていて、面影は全くありませんでした。鎌倉時代から延々昭和40年代初めまで７００年近く、諏訪氏の屋敷の痕跡が残っていたのに…と思うと残念でたまりません。

現在の諏訪神社は、御成町内の末広と蔵屋敷、二つの自治会が氏子区域で、８月２日に例大祭を行っています。祝詞(のりと)をあげるのは「鶴岡八幡宮の権宮司さんに来ていただいています」。諏訪の神さまを連れてきた諏訪氏は絶えても、神さまはそこに住んでいる人たちが氏子となって、地域の氏神さまとして残っているのです。

弓馬の達人、諏訪盛澄（もりずみ）とは何者か

今に至るまで、残ってきた御成町の諏訪神社。この諏訪地に住んで、鎌倉に諏訪の神さまを連れてきたのはいったい誰なのか。

手がかりの一つが、御成町諏訪神社の扉に付けられた神紋（しんもん）（家にとっての家紋のようなもの）です。御成町諏訪神社の神紋は、大社の梶（かじ）の葉紋とはちょっと違う変形バージョンでした。何が違うかというと、三本の枝に矢羽根がついて、3本の矢のようにも見えるのです。これが、平安後期から鎌倉初期の下社大祝で、弓の名手として知られた金刺（かなさし）盛澄にちなんでいるとの説がありました。金刺盛澄は、諏訪下社秋宮の南東に接する霞ケ城（かすみがじょう）跡に、馬上で弓を射る銅像が立っている下社系のスター大祝です。

しかし、この説の根拠がはっきりしませんし、世話人会の皆さんも「知らない」「聞いたことがない」。とはいえ可能性の一つとして探ってみると、鎌倉幕府の公的な歴史

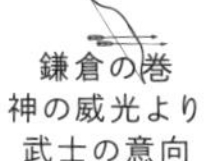

書『吾妻鏡（あずまかがみ）』に3本の矢につながる逸話が載っていました。『吾妻鏡』には、諏訪大夫盛澄として出てきました。

文治（ぶんじ）3年（1187）8月15日条は、当時の状況説明から始まります。

頼朝が出席して、鶴岡八幡宮で放生会（ほうじょうえ）が催された。流鏑馬（やぶさめ）の後、囚人となっていた諏訪大夫盛澄が召し出され、流鏑馬を射るよう命じられた。盛澄はかつて平家に属して長年京にいて、しばしば城南寺（じょうなんじ）での流鏑馬などに参加していた。そのため頼朝のもとに参上するのが大変遅れたので、頼朝の勘気に触れ、囚人となっていたのだ。

（『吾妻鏡』より要約）

流鏑馬は、馬を走らせながら三つの的を次々に射る武術です。

平安後期から鎌倉初期にかけて、諏訪の上社と下社は「八条院御領」という一つの荘園でした。所有者（本家）が鳥羽天皇の皇女・八条院、管理者（領家）が平頼盛の妻、現地の管理者（領主）が上下社の両大祝という構造だったので、平家が後見人だったたわけです。そのため現役の下社大祝である盛澄は平家に従って、京の都に住んでいたということになります。

でも、盛澄の遅参の理由はそれだけではなかった。『諏方大明神画詞』は、盛澄が木曽で旗揚げした木曽義仲と親密な関係にあったと書いていました。

下社大祝の金刺盛澄は、古今比類なき弓馬の達人である。木曽義仲を婿に取って女子一人が生まれ、親子の契りは浅くない。そこで寿永二年（1183）夏の頃、北国へ連れ添って毎度の合戦に名をとどろかせたが、越中（富山）まで行ったところで、弟の手塚光盛を残して当社の御射山神事のために帰国した。

（『諏方大明神画詞』より要約）

盛澄は自ら平家の家来となって京にいたのに、義仲の義父になるわ、加勢はするわ。ところが義仲は近江粟津の戦い（滋賀県大津市）で頼朝派遣軍に敗れて戦死。続いて平家も滅亡。信濃国は文治元年（1185）8月から、頼朝が直接支配するようになります。

そこで、遅参して囚人になっていた盛澄に関する『吾妻鏡』の続きです。

盛澄は、藤原秀郷（ひでさと）の弓術を伝える流鏑馬の達人だった。頼朝は、盛澄を死罪にすると流鏑馬の一つの流派が断絶してしまうと悩んでいたので、召し出して流鏑馬を射るよう命じた。盛澄は厩（うまや）第一の悪馬を与えられたが、見事に全ての的を射た。次に五寸（約15センチ）の串に挟んだ小さな土器（かわらけ）が三本立てられ、これもことごとく的中。次にその三本の串を射るよう命じられた盛澄は、もはやこれまでと思ったが、諏訪大明神に祈念して射たところ、三本の串すべてを射切った。見る者皆感動し、たちまち罪を許された。

（『吾妻鏡』より要約）

なるほど。武士の都、鎌倉人の評価ポイントはやはり武芸。御成町諏訪神社の神紋は、盛澄が神業（かみわざ）的な腕前で3本の串を射切った3本矢に因んでいたということでしょうか。ということは、御成町諏訪神社を邸内に祀っていたのは、下社系の金刺氏ということになります。これは意外でした。鎌倉幕府滅亡時に、執権北条氏嫡流の遺児を匿（かくま）って名を挙げたのは上社系の諏訪氏でしたが、初期の鎌倉で名を馳せていたのは、下社系だったのでしょうか。

地元諏訪でも、多くの史料が活字化されている上社に比べ、下社の史料はほとんど残っていません。だからつい上社の史料で考えてしまうクセがついていますが、『吾妻鏡』には、鎌倉時代の下社大祝や上社と下社の関係にまつわる記述が隠れていました。


現在の諏訪大社は本宮・前宮からなる上社、春宮・秋宮からなる下社に分かれていますが、古代から上・下社に分かれていたとされています。しかし、鎌倉時代の初めまでその支配関係はあいまいでした。

古代以来、諏訪社を拠り所としていた豪族の金刺氏が武士化して、平安末期からは上・下社とも地名であり居住する領地の「諏訪」を名字として名乗り始めたといいます。そこで、金刺盛澄が鎌倉で諏訪大夫盛澄と言われていたならば、諏訪を名乗った確かな証拠。最近では、元々の本家は下社の大祝家で、上社の大祝家は分家とする考え方が主流になっています。つまり、下社大祝の盛澄は諏訪一族の責任者として、平家についたり木曽義仲と結んだりしていたと考えられるのです。

ところで、罪を許された盛澄はその後、御家人となって頼朝に仕えていました。『吾妻鏡』の建久4年（1193）3月21日条には、盛澄が「弓馬に練達し、頼朝が心隔てない二十二人」の一人として登場します。「心隔てない」とは「二心のない」「打ち解けている」というような意味でしょうか。頼朝の側近といってもいいこのメンバーの筆頭は北条義時で、そこに盛澄も選ばれているのです。

同年9月11日条にも盛澄が登場していました。

北条義時の嫡男で伊豆にいた泰時が、伊豆で子鹿一頭を射止めて鎌倉に持参してきた。そこで義時が矢口（やぐち）の祭の準備をし、頼朝も出席した。頼朝が三人の御家人に餅を与えるにあたり、三人目を非常に悩み、しばらくして諏訪祝盛澄を召した。盛澄は大層な遅参だったが、それでも賜った。その後、数献盃を重ねたという。

（『吾妻鏡』より要約）

矢口の祭は、武家の男子が初めて狩で獲物をしとめた時に、その肉を調理し餅を供えて祝う儀式です。餅を賜った3人のうち、先の2人は頼朝挙兵の頃からの有力御家人でした。そんな名誉なお召しに、盛澄がなぜ〝大層遅く〟来たのか。当時の将軍御所は、現在の雪ノ下3丁目、清泉小学校の辺りにあった大倉御所で、鎌倉市役所辺りの諏訪氏の屋敷からは約1・5キロの距離に過ぎません。何はさておき馬を走らせ、息せき切って駆け付けなければと、読んでいてヤキモキしてしまいました。

そういえば、矢口の祭の記述に「諏訪祝」とありますが、盛澄は「諏訪祝」を兼務しながら、鎌倉で頼朝に仕えていたのでしょうか。下社を擁する『下諏訪町誌』によれば、「建久二年の御下文(おんくだしぶみ)に下社大祝は盛以(もりもち)となっている。これにより盛以は父盛澄生存中、早く世を継いだことが判る。想うに盛澄は大祝職を盛以に譲って後、建久の初年頃から鎌倉に在住して、幕府に出仕したものであろう」。となると「諏訪祝だった盛澄」と解釈すべきです。

弓馬の達人として知られた盛澄は、鶴岡八幡宮祭の流鏑馬や、新年の御的始(おんまとはじめ)などの儀式で射手を勤めました。御的始は、選ばれた射手が新年に的を射る儀式で、将軍御所で将軍も臨席して行われます。建仁3年（1203）正月3日には諏訪大夫盛澄が射手を勤め、翌建仁4年正月10日の御的始には諏訪大夫盛隆が勤めています。「盛澄には数子があったと見え、一子盛以には下社大祝職を譲り、一子盛隆を携えて鎌倉に移り住み、もって幕府に出仕したのである」（『下諏訪町誌』）とあるので、息子も弓の名手だった

早く来い!!
まだか!!
ご褒美を用意したのにー!
頼朝
盛澄
LOVE
鎌倉
下
さて
いざ!
鎌倉!
盛澄
ゆっくり
走ろう
信濃路を

ようです。御的始の射手に選ばれることは、武士の最も名誉とするところです。

御家人となった盛澄の関係記事が『吾妻鏡』に見られるのは、文治4年（1188）から建仁3年（1203）まで15年ほど。鎌倉幕府の中で盛澄が弓馬術の家として一家をなし、それを盛隆が受け継いだ。そして『吾妻鏡』に記された盛澄・盛隆の記事は、武芸に関するものばかり。いずれにしても、鎌倉初期に諏訪一族を代表して幕府と関わっていたのは、下社大祝家の盛澄といえそうです。

ところが、その後は続かなかったようです。『下諏訪町誌』は「盛隆の流裔（末孫）に至ってはつまびらかでない」。いかに弓馬の名手・名家であっても名誉だけでは長続きしません。火急の時に誰よりも早く駆け付け、ますます「心隔てない」家臣として認められなければいけないところでしょうが、大事なお召しに大層遅く来るようではね、と思い返すわたくしでした。

上社大祝家は世渡り上手

対する上社大祝家は、『吾妻鏡』にどう登場しているのでしょうか。

まずは、下社より早い治承(じしょう)4年(1180)、源頼朝が旗揚げした年に、上社大祝・諏訪篤光(あつみつ)が源氏の勝利のために祈祷を重ねた話が出てきます。

九月十日、甲斐源氏が信濃国の平氏を討つべく諏訪上社の近くに宿営したところ、深夜に大祝の妻が夫の使いでやって来て、「源家の祈祷を行うため参(さん)籠(ろう)すること三日、まさに今夢のお告げがあり、梶(かじ)の葉紋の直垂(ひたたれ)を着て葦毛(あしげ)の馬に乗った勇士が、源氏の味方をすると言って西へと馬を走らせて行きました。これは大明神のお示しです」と告げた。

このお告げに従い、直ちに伊那の平氏方菅冠者(すがのかじゃ)を攻めると、菅冠者は戦うことなく館に火を放ち自害した。甲斐源氏たちは「菅冠者の滅亡は諏訪明神の罰をこうむったからだろう。上下両社に田畑を寄進し、成り行きを頼朝に報告しよう」と決めた。

（『吾妻鏡』より要約）

祈祷をしたのは上社の大祝でしたが、甲斐源氏軍は戦勝のお礼として上下両社に等しく所領を寄進しました。その後10月18日、甲斐源氏軍は駿河国黄瀬川（静岡県沼津市）で頼朝軍に合流、頼朝は諏訪篤光の夢告によって菅冠者を討ち、諏訪の上下社へ寄進したことに満足しています（『吾妻鏡』）。諏訪明神は当時、後白河法皇が編さんした今様歌謡集『梁塵秘抄』に「関より東の軍神、鹿島・香取・諏訪の宮」とうたわれ、逢坂関（滋賀県大津市）以東の軍神トップ3として有名でした。頼朝ももちろん軍神としての諏訪明神を知っていたはず。武運を守ってくれる有名な軍神が味方についてくれるとあれば、心強いことこの上なし。配下の武士たちの士気も上がるというものです。

『吾妻鏡』の文治2年（1186）11月8日条には、上社であろう大祝が頼朝に訴えた一件が載っています。頼朝が各地に守護・地頭を設置する権利を得た翌年のことです。

諏訪社に寄進された伊那の黒河内・藤沢郷の藤沢盛景は、諏訪社恒例の御狩神事と拝殿造営への勤仕をおろそかにしたので、大祝が頼朝に訴えた。藤沢盛景は頼朝の不興を買って処罰されたが、大祝が「盛景の勝手な振る舞いを止めるよう命じてほしかったのであって、たちまち処罰されてはかえって神慮に反します」と取り成し、許された。頼朝は「大祝の指示に従い、先例どおり速やかに勤めるように。諏訪大明神は大祝の命令をもって神命とする。大祝の命令に背いてはならない」と指図した。

（『吾妻鏡』より要約）

上社大祝は鎌倉幕府を後ろ楯に諏訪社への勤仕を徹底させた上、「大祝の命令は諏訪大明神の神命である」が幕府公認の考え方であるとまで言わせます。

そして、初期の幕府にとって最も「火急の時」であった承久の乱が承久3年（１２２１）に勃発します。同年5月に後鳥羽上皇が2代執権の北条義時を討つように命じ、義時は東国の御家人を動員して一気に京都へ攻め上りました。京方と幕府軍が各地で衝突するなか、『吾妻鏡』の承久3年6月11日条に諏訪大祝が出ていました。

諏訪大祝盛重が8日に書いた文書が今日鎌倉に到着。戦勝祈願の巻数（目録）を献上した。また、嫡男の信重が小笠原長清に従って京に攻め上ったという。（『吾妻鏡』より要約）

上社大祝の盛重が、戦勝祈願とともに嫡男の参戦を鎌倉に報告しているのです。承久の乱は幕府方の勝利に終わり、朝廷に対する武家政権の優位を決定付けた画期的な出来事となりました。参戦した諏訪信重はその後大祝となり、宝治3年（1249）幕府に提出した『諏訪信重解状』で自ら、「幕府から東山道軍に加わるようにとの命を受け、信重は一家の者を率いて出陣した。そして大井戸の戦い（岐阜県可児市）で戦功をあげ、信重および一家の者数十人が恩賞にあずかった」とアピールしています。さらに、信重が参戦に至る経緯やその後について詳述しているのが、延文元年（1356）に完成した『諏方大明神画詞』です。

当社大祝は、神体として崇敬される重職である。当職にある間は郡内を出る

戦ってきました!!
がんばりました!
ご褒美もらいました!
執権北条氏
これこれ
ちこうよれ
戦勝祈願しました!
すごいでしょ!
かけつけて
来ました!
いざ
鎌倉へ!
さて
鎌倉へ!
上
下
盛澄

> ことなく、ましてや他国に行くなどもってのほか。厳重に心身を清め、かつて人馬の血肉に触れず、将来この職を継ぐべき者も、あらかじめその身を慎んできた。ゆえにこれまでの反乱や征伐にも、嫡男以外や親類を遣わしてきた。
>
> 今度は君臣上下の争いで天の心が測り難いので、大祝が神前で占ったところ、速やかに出陣するようお告げがあった。そこで嫡男信重に一族家人の勇士らを付けて遣わした。神氏（じんし）（上社系諏訪氏）の嫡男が戦場に臨むのはこれが最初であろう。瑞鳥（ずいちょう）の大群の先導で川を渡った大井戸の戦いから入洛の日に至るまで、度々の戦功抜群だったので、後日義時が大祝に書状を送り勲功をほめたたえ、神験を感嘆した。乱の後、神氏の多くが西国や北国に居住し、子孫がなお続いているのは、その時の恩賞の地であろう。
>
> （『諏方大明神画詞』より要約）

上社大祝の盛重は嫡男を出陣させ、好結果に結び付けたとアピールし放題。敗れた上皇側に加わった公家や武家の所領が幕府に没収され、戦功があった御家人に恩賞として

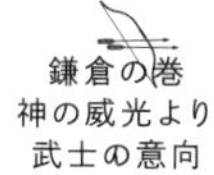

与えられたなかに、上社系の諏訪氏が含まれていたことを示しています。『吾妻鏡』の承久3年8月7日条にも、諏訪宮には「越前国（福井県）宇津目保を寄進」とありました。東国に広まっていた諏訪信仰が西日本の移住先に持ち込まれていったのです。

さて、上社の史料によれば、上社大祝は在職中「諏訪明神が鎮座して以来のならわし」として諏訪郡外に出ることを禁じられていました。でも下社大祝の盛澄は平家に従って長年京にいたり、木曽義仲に付き従って北陸の合戦で名をとどろかせたりと、郡外に出放題です。大祝の神聖さを演出するための上社大祝だけの就業規則だったのか、上社ももちろん郡外に出たけれど文書上では隠しているのか、それは今となってはわかりません。承久の乱にあたって弓馬の名家であったはずの下社大祝家はどう動いたか知りたいところですが、『吾妻鏡』には記述なし。

それよりも、大事なお召しに遅参したと2回も書かれた下社大祝家に対し、火急の時にいち早く駆け付けたことを後世にわたって自ら書き続ける上社大祝家。上社大祝家の世渡り上手ぶりが際立っていることだけは間違いありません。

COLUMN 4

鎌倉の西に最古の分社

鎌倉中期以降、鎌倉で執権北条氏の側近として活躍した諏訪氏。どこかにその名残がないかと鎌倉市の地図を探していた時、江の島近くに「諏訪ケ谷」というバス停があり、市境をまたいだ藤沢市片瀬に諏訪神社を見つけました。

この諏訪神社の由緒は「養老7年（723）に信濃国より諏訪神を勧請したもので、これは諏訪大社が他郷へ御分霊した中で最古といわれている」。諏訪氏との関係は不明ですが、最古の御分霊というのは見逃せません。早速、宮司の相原圀彦さんに連絡を取ってみると「なぜ当地に分霊されたのか、以前より調べていますが確証に至らず、調査を続けています」。片瀬は早くから水田化が進み、弥生時代や古墳時代などの遺跡も多く残る土地です。ここの開拓民にも諏訪が関わっていたのでしょうか。さらに諏訪ケ谷について、相原宮司は「平安初期に現在地へ遷座する前に上社が鎮座していた地で、それが地名の由来でしょう」。分霊の古さもさることながら「上社」とは？「分社がたくさんある中で、上社・下社に分かれてお社があるのは極めてまれで、貴重な存在と思っています」とのこと。矢も楯もたまらず、現地に向かいました。

片瀬は鎌倉時代、鎌倉の西の出入口として防衛上の一大拠点でした。幕府滅亡時には新田義貞軍が藤沢・片瀬など近隣の郷村に火を放ち、片瀬諏訪神社も戦乱に巻き込まれて社殿・神宝などが焼かれてしまったそう。

江の島電鉄湘南海岸公園駅から歩いて5分の諏訪神社下社は、立派な大鳥居の先に広い境内が広がって、堂々の社殿に八坂刀売命（やさかとめ）が祀られていました。建御名方命を祀る上社は、隣の下諏訪公園から路地を200mほど進み、山に向かう急な石段の上に鎮座です。圧倒的に下社の方が境内が広く、社殿も大きく立派、社務所もあります。相原宮司によると「子供の頃は、下社境内の横に約200坪ほどの広さの諏訪池があって、周囲は田んぼでした。それが埋め立てられたのは昭和40年代半ばです」。鎌倉市の諏訪屋敷跡の諏訪池が埋められたのとちょうど同じ頃です。

片瀬諏訪神社は片瀬地区の氏神さまで、例大祭は8月27日です。

全国の諏訪分社の例祭日の多くが8月27日あるいは28日なのは、鎌倉幕府の肝入りで行われた諏訪上・下社の狩猟神事である御射山（みさやま）祭に端を発しているから。

諏訪神は、狩猟神として信仰を集めて

いました。それは、生き物を殺すことが最も重い罪で、地獄に落ちるとする仏教の教えが広まるなかで、諏訪神は「動物は業が尽きて人に捕らえられるのだから、再び野に放しても長くは生きられないし、成仏もできない。むしろ人が食べてその人が成仏するのと一緒に成仏させてやるのが一番だ」と、仏教思想を逆手に取って殺生を正当化した上、肉食が動物のためになると、堂々の論理を展開していたからです。

武士にとって狩猟は軍事訓練として欠かせず、幕府は諏訪明神に狩猟による殺生の免罪を期待したのでしょう。

御射山祭では、神を楽しませる神慰めの行事として、笠懸（疾走する馬上から的を射る）、相撲、草鹿（鹿形の的を射る）、競馬（2騎ずつで勝負を争う）など多くの武道競技が行われました。まさに武士好み。武士たちは領内の山野の一部を御射山とし、祭日を7月27日もしくは28日（旧暦）に定めて御狩を行い、獲らえた御贄を神前に捧げたとされます（『伊藤富雄著作集第一巻』）。

当時の諏訪上・下社は、7月26日から30日までの5日間、御射山に上って盛大に祭りを行いました。現在の諏訪大社では8月26日から28日までの3日間。御狩を伴う狩猟神事から、五穀豊穣や2歳児の健康祈願へと変わりましたが、神霊が神輿に乗って御射山に上り、祭りを行っています。

一方、片瀬諏訪神社の例大祭期間は8月23日から28日までのなんと6日間！

まずは23日に仮宮へ神輿が登場、27日の例大祭当日は早朝4時に神社から神輿が出発し、片瀬東浜へ降りて神輿ごと海の中へ入っていく浜降禊行事があり、帰社してから例大祭がスタート。8時30分から各町内を神輿が巡幸し、18時からは山車や囃子屋台が練り歩くそうです。境内は露店もにぎやかで、28日の神輿の還御祭で幕が閉じます。

由緒によれば、令和5年（２０２３）は鎮座１３００年。〝最古〟の分社の例大祭はかくも盛大に行われているのです。

2　政権に食い込むご奉公

現人神(あらひとがみ)が警備員

朝廷に対する武家政権の優位を決定付けた承久の乱は、諏訪社と諏訪氏が発展するきっかけにもなりました。乱の後、上社大祝を退位した諏訪盛重は鎌倉に出仕します。盛重は権力に直接結び付くことで、さらに諏訪社と諏訪氏の勢力拡大を図ろうとしたのでしょうか。鎌倉市役所の駐車場辺りにあった諏訪屋敷がそのまま盛重の屋敷だったかについて、『鎌倉の地名由来辞典』は「諏訪屋敷跡」の項で「諏訪盛澄・盛重の亭内に諏訪神社を祀ったと伝え…」として、上下社一族が同敷地に住んでいたとの認識で、『鎌倉事典』も同様です。

執権北条氏の直属の家臣となった盛重の働きは『吾妻鏡』に度々出てきます。まずは寛喜（かんぎ）2年（1230）2月30日条。時の執権は3代北条泰時です。

午前二時頃、突然騒動が起こった。甲冑（かっちゅう）を着て旗を掲げた武士たちが、将軍の御所と北条泰時邸の門前に数百騎集まり、制止を加えたが鎮まらずに時が過ぎた。内々に命じられた諏訪兵衛尉（ひょうえのじょう）（盛重）ら三人が郎従を率いて泰時邸から門外に出て、「謀反を起こした者がいる」と叫び、浜を目指して馬を走らせた。門前にいた数百騎が三人の後を追って稲瀬川の辺りまで来ると「謀反の者はいない。御所近くでの騒動を鎮めるためである」との泰時の命令を伝え、武士たちは散り散りに立ち去り、事なきを得た。

（『吾妻鏡』より要約）

当時の泰時邸は、鶴岡八幡宮の南側、若宮大路と小町大路の間に広がっていました。その頃、将軍の御所は泰時邸の南側に隣接していたのです。

信濃国一宮のトップ神職で、しかも現人神と崇められていた特別な存在だったはずの盛重なのに、鎌倉では一転して警備員。しかもこれは真夜中の騒動ですから、まさに火急の時に誰よりも早く駆け付ける役割を担っていたようです。『吾妻鏡』嘉禎（かてい）元年（１２３５）９月には、24時間体制のモーレツ警備ぶりが記されていました。

一日　真夜中の十二時頃、頼朝の廟所である法華堂の前の湯屋から出火した。強風のため法華堂も類焼を免れない状況だったが、諏訪兵衛尉盛重一人がすぐに駆け付け、間にあった民家数十軒を壊したので、火は止まった。
二日　昨夜法華堂が火災を免れたのは、全て諏訪の手柄であると、北条泰時は感嘆された。盛重は恩賞を受けたという。
（『吾妻鏡』より要約）

本当の火事の時にも駆け付けていたとは。法華堂は、鎌倉幕府の武士たちの精神的な拠り所だったところですから、これは大手柄です。

そこで疑問なのは、盛重はいったいどこから駆け付けたのか、ということ。法華堂は、大倉御所（雪ノ下３丁目の清泉小学校辺り）の北側の山の中腹にあります。下社大祝家の盛澄が矢口の祭でずいぶん遅参したのもこの大倉御所です。騒ぎの初期段階で火事に

こっちです!
火事をふせぐ!
上
栄養D
戦へ!
今も昔も宮仕えは大変!
ふささこ

気付けたのは、盛重がその夜執権泰時邸に宿直当番で泊まり込んでいたからか。いやいや、泰時邸からも500〜600メートルの距離があります。押っ取り刀で駆け付けたんだろうか、と思っていたら、火事騒ぎの翌年12月19日条で、盛重は執権泰時邸の南角に家を与えられました。

北条泰時が御所の北に新邸を造って移転した。泰時の家臣も邸宅の門の両脇を守る形で家が配され、南の角には諏訪兵衛入道（盛重）の家が配されたという。

（『吾妻鏡』より要約）

盛重が活躍していた頃の鎌倉をのぞいてみると、執権泰時は2度御所を移転していました。

まずは嘉禄(かろく)元年（1225）、尼将軍政子の死を待って、頼朝が幕府を開いた大倉から自分の邸宅の南隣に御所を引き寄せます。若宮大路の二の鳥居のすぐ南を東西に走っていたと考えられる宇都宮辻子(ずし)という横道（雪ノ下カトリック教会と鎌倉彫会館との間を通る横道とも）に面した宇都宮辻子御所です。この移転までは、当時の主要な港であった六浦津（横浜市金沢区）と鎌倉とを結ぶ六浦道に面して大倉御所があり、六浦道が鎌倉のメインストリートでした。

新たにメインストリートとなった若宮大路は執権泰時邸の西側に南北に延びていて、鶴岡八幡宮の参道でもある聖なる道です。一方、東側に南北に延びる小町大路は、北に御所や北条氏、有力御家人の屋敷、南に商家が連なる政治と生活の道でした。盛重は、これらの道を縦横無尽に走り回りながら、真夜中の騒動を鎮めたり、法華堂前の火事を消し止めに走ったりしていたわけです。

２度目の御所移転は、摂家将軍の４代頼経が大病を患った嘉禎２年（１２３６）です。病気の原因が御所内の土公神（陰陽道で土を司る神）の祟りとされて、それを避けるための移転だったようです。泰時は邸内に御所を取り込み、それに伴い自邸を北に新築。泰時は二段構えで御所を引き寄せ、飲み込んでしまいました。

盛重は、北条氏嫡流の直属の家臣である御内人という立場でした。地元出版社が手がけた『鎌倉史跡散策』に、泰時邸に配置された御内人の家は「いざという時のため、その他諸種の便宜のためと思われるが、むろん従来の邸宅はもとのままと考えてよい」

と書かれていました。当時はまだ御内人の身分は低く、泰時邸内に家が置かれたということは、盛重に役宅が与えられたということです。

盛重は、3代執権泰時から4代経時（つねとき）、5代時頼と仕え続けました。宝治（ほうじ）元年（1247）6月、5代時頼が北条氏に次ぐ御家人ナンバー2の三浦氏を滅ぼし、北条氏の独裁体制を成立させた宝治合戦では、「諏訪兵衛入道蓮仏（盛重）は無双の勲功を立てた」（『吾妻鏡』）とあり、戦で大活躍です。諏訪で上社大祝の職にあった時は、人馬の血肉に触れるなんてもってのほか。心身を清め、死の穢れを避けていた盛重が戦場で大暴れ。しかもこの時、盛重は「入道蓮仏」を名乗っていて、出家の身でした。元現人神が仏の弟子になって、しかも戦で獅子奮迅（ししふんじん）の働き。なんといいますか。

それから1年後。『吾妻鏡』の宝治2年（1248）6月10日条に「盛重が北条時頼に新たに生まれた若君（後の時輔（ときすけ））の乳母（めのと）になった」と出てきました。男性でしかも相当いい年になっているはずの盛重ですので、母親に代わって乳を飲ませるわけはなく、養育係のことです。若君時輔は5代時頼にとって最初に生まれた男子。将来、時輔が執権になれば、盛重は政権の中枢で大きな力を持つことができたはずですが、5代時頼は時輔の3歳違いの異母弟・時宗が嫡流と定めました。時輔の母は出雲国の御家人の娘で、将軍に仕えていた女房であったのに対して、時宗の母は北条氏の重鎮である大叔父・北条重時の娘で、時頼の正室だったからです。

「胤（たね）よりも腹が大事」なのは日本の歴史の常識。しかも、母が違えば他人も同然。かえって厄介な存在となることも多々あったわけで、盛重も慎重に乳母のお役目を務めたことと思われます。いずれにしても、盛重が執権北条氏の側近として重用されるにつれて、「上社大祝家一族の中から鎌倉に出て北条氏に仕える者が多くなった」（『茅野市史』）のでした。

ところで、泰時による2度目の移転後、御所は若宮大路に面する若宮大路御所となりました。「若宮大路は聖なる道であったために、若宮大路沿いの屋敷で、大路に開いた門が確実にあったのは御所だけで、他の武士の屋敷は若宮大路側には門がなかったと考えられている」（『中世都市鎌倉を歩く』）そうですが、御所の辺りの若宮大路は当時、両側に幅3メートル、深さ1・5メートルもある側溝が設けられていたとも。二重に巡らした堀と同じ機能を持つ、武士の都の中枢部の防衛線でもあったわけです。

盛重に与えられた家は、政治と生活の道・小町大路沿いで、しかも御所の目の前のはず。跡地を探しに若宮大路から横道を抜け、東側に並行して走る小町大路に出てみると、今は普通の生活道路で、どこからが御所でどこからが執権泰時邸だったかの境もわかりません。諏訪盛重の屋敷跡はここかあそこかと探しているうちに、執権邸のエリアが尽きてしまいました。

ふと目に入った道向かいの宝戒寺（ほうかいじ）に行ってみると、参道に「北条執権邸旧跡」の石碑が立っているではありませんか。調べてみると3代泰時の跡を継いだ嫡孫の経時が泰時邸を継いだものの、経時は就任わずか4年、23歳で没し、弟の時頼が5代執権に就きます。時頼は本来執権を継ぐ立場になかったので、若宮大路の邸宅を継承することができず、2代義時から義時の弟・時房に継承された小町邸（現宝戒寺の地）に住んだ（『鎌倉へのいざない』）との記述が見つかりました。

小町邸は5代時頼から6代長時に譲られ、その後も概ね執権が住んで執権邸と呼ばれるようになったようです。となると、御所を飲み込んだ執権邸は4代まで。それ以降、盛重たち御内人の役宅はまた、小町の執権邸に移ったのかは不明です。

信じていたのは神か仏か

こうして鎌倉中期には、幕府の執権で信濃守護でもあった北条氏を後ろ楯に、上社の勢力が強くなり、下社を圧倒していきます。分家が本家をしのいだ結果、両社の間で本家争いが勃発しました。

盛重が5代執権時頼の長男の養育係になった宝治2年（1248）は申年（さる）で、信州の諏訪社で式年造営が行われました。この造営に関して両社の間で争いが生じ、下社大祝の金刺盛基が幕府に訴訟を起こします。

これに対して幕府は、同年12月5日「本宮の例に任せて諸事執行すべし」と両社に命令。ところが下社の盛基はこの命令に承服せず、「上社は本宮ではない」と幕府に申し入れ。12月17日幕府は先に発した命令書を両社から返還させます。命令の時点で、幕府は上社が本宮との認識だったようです。

そこで、盛重の息子で上社大祝の信重は、上社が本宮である根拠を長々と記し、翌宝治3年3月幕府に再度訴訟を起こすに至ります。この時の訴状が『諏訪信重解状』ですが、今はその写しが伝わるだけで、下社側の答弁書もなければ幕府の判決状もないので、その後の経過も結末もわかりません。

幕府内でも、「あいつら半端なく仲が悪いから、取扱注意」だったことでしょう。『諏訪信重解状』は、『諏方大明神画詞』と並んで諏訪社研究の最重要史料となっています。問題があればこそ、記録が残るの法則です。

上社は、下社との対立関係の中で優位に立つために、新たな姓「神」（「みわ」ともいう）を作り出したと考えられ、上社は姓が神で名字が諏訪、下社は姓も名字も金刺を名乗るようになります。多くの信濃武士が上社諏訪氏の力にあやかりたいと、上社の氏子となって神氏を名乗る神氏ブームが巻き起こったのはこの頃です。片や下社金刺氏は延々と対立を続けた末、戦国時代に上社諏訪氏に攻められ衰亡。記録が伝わらず多くのことが不明になってしまいました。

5代執権時頼は30歳だった康元元年（1256）に病気が悪化。跡継ぎの時宗はまだ小さく、一門の北条長時に執権を譲って出家します。病から回復後は、幕府の要職を離れた出家の身でありながら、北条氏嫡流の当主である「得宗（とくそう）」として幕政の実権を握り続けます。執権を越えて幕政を担う得宗という立場が出現です。

執権政治から得宗政治へと移行すると、得宗時頼邸で少数の幕府重臣によって行われる「深秘（しんぴ）の御沙汰」という私的会議で重要政策が決定されるようになり、諏訪盛重もそのメンバーに名を連ねます。警備員からたたき上げた盛重は、幕政に関与するまでに大出世しました。

時頼は弘長3年（1263）、37歳で亡くなります。時頼の往生の様子を、諏訪盛重が浄土宗の僧信瑞（しんずい）に知らせた書状が『法然上人絵伝』に引用されています。

時頼殿は十一月二十二日午後十時頃、唐衣（からころも）を着て袈裟（けさ）をかけ、西方に阿弥陀仏の絵像をかけて椅子に座り、少しも息が乱れることなく合掌して往生なさいました。臨終近く「阿弥陀仏のお力で浄土へ参ったら、浄土で盛重を迎えよう」とのお言葉をいただき、日頃不足なくいただいている御恩の百倍、千倍も頼もしくありがたく、悲しみの中にもうれしく感じました。

（『法然上人絵伝』より要約）

いまわの際の時頼との親密エピソードです。元現人神の盛重は時頼の死を間近で看取る立場にいて、切に極楽往生を願っていました。鎌倉国宝館で70センチほどの時頼坐像を見ると、次々に対抗勢力を滅ぼし政治に辣腕を振るっても、気さくに冗談を飛ばして一緒に笑っていそうな雰囲気です。

5代執権時頼が跡継ぎと定めた時宗は、2人の中継ぎ執権を経て文永5年（1268）18歳で8代執権に就きます。

4年後の文永9年（1272）2月、二月騒動と呼ばれる北条氏一族の内紛が起きました。謀反を企てたとして、鎌倉で得宗家に次ぐ名越流北条氏が討伐され、時宗の異母兄・時輔も京都で討たれます。盛重が養育係を務めた時輔です。

時輔は、父時頼が亡くなった翌年、17歳で六波羅探題へ出向になっていました。京都出向は、反得宗勢力が担ぎ上げる危険性のある時輔を、鎌倉から遠ざけるためだったというのですが、結局はこの始末。とにかくやられる前にやる。少しでも危険の芽があれば、やられなくてもやる。北条一族は内紛と殺し合いの連続です。となると、時輔の養

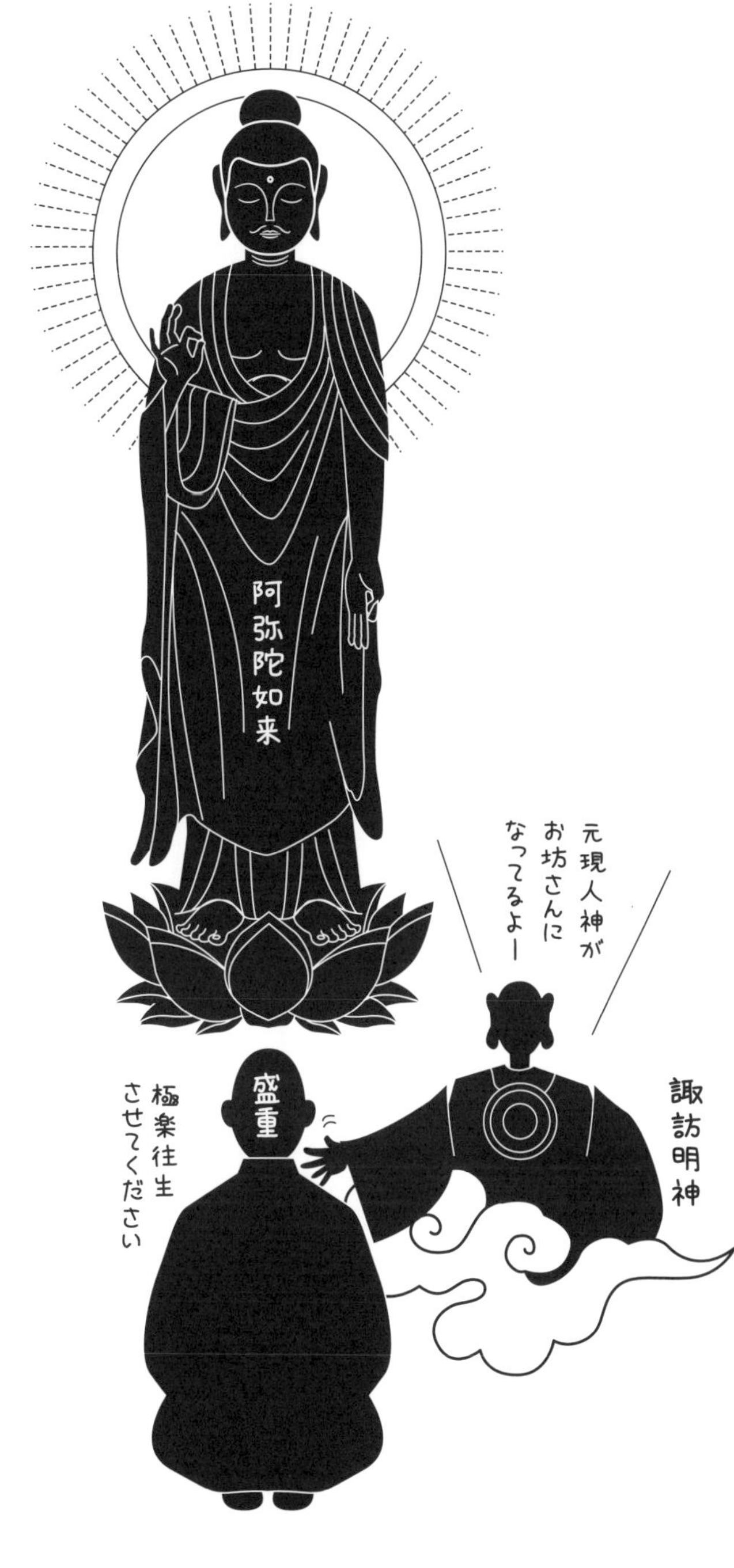
阿弥陀如来
元現人神がお坊さんになってるよー
諏訪明神
盛重
極楽往生させてください

育係を務めた諏訪盛重やその子孫が心配になりますが、『諏訪市史』によると、盛重の跡を継いだと考えられる盛経は、8代執権時宗の側近として仕えていました。密接な関係だったようです。

他にも盛重の息子とされる盛頼・盛高が北条氏の家人として仕えたことが想像され、以後、多くの諏訪氏が北条氏に仕えたり幕府の官僚となったりしたことがうかがえるとのこと。

盛重は生没年未詳ですが、鎌倉での活動は寛喜2年（1230）から約30年にも及びました。その間、祈願に関わる記述が一度だけ『吾妻鏡』に出てきました。建長3年（1251）7月30日条です。

> このところ風雨が数日続いている。風の災いを祓い、秋の実りが豊かになるよう、風伯を祭り奉仕せよと陰陽道によくよく命じられたという。諏訪兵衛入道蓮仏（盛重）が奉行したという。
>
> （『吾妻鏡』より要約）

天候不順のため、5代時頼が盛重に風除けと豊作祈願の段取りを命じています。でもそれは風の神である風伯に対する陰陽道の祭祀。諏訪神だって元々風の神として知られていたのだから、時頼にアピールすればよかったのにと思ってしまいます。盛重は、鎌倉の諏訪神社で諏訪信仰の隆盛を図る、ということはしなかったのでしょうか。鎌倉の諏訪神社にまつわるエピソードは伝わっていません。

鎌倉の諏訪氏は滅んだのか

鎌倉の諏訪氏は、北条氏との結び付きが強かっただけに、滅亡の時をどう迎えたのか気になります。

まずは幕府滅亡の20日前。幕府から後醍醐（ごだいご）天皇方の討伐を命じられて京都へ向かった足利尊氏（たかうじ）は元弘３年（１３３３）４月、途中で天皇方に寝返り、京都の六波羅探題を攻撃します。鎌倉では、足利尊氏の次男で、正室の登子（とうし）（最後の執権北条守時の妹）との間に生まれた嫡男千寿王（せんじゅおう）が出奔。ここで『太平記』に、諏訪氏の名前が出てきました。京都の様子がよく分からないため、幕府は諏訪木工左衛門入道と長崎高泰の2人を使者として上洛させたというのです。諏訪・長崎の2人は、共に北条得宗家の直属家臣・御内人です。

> 2人は途中で六波羅からの急使と出会い、尊氏が敵方についたことを知り、鎌倉へと取って返す。尊氏の長男・竹若殿は伊豆山神社（静岡県熱海市）にいたが、伯父らとともに人目を忍んで上洛の途上、浮島が原（静岡県沼津市）で例の使者と出くわした。諏訪・長崎は竹若殿を生け捕りにして手柄にしようと思っていると、伯父がもはやこれまでと馬上で切腹したため、長崎が「これで謀反は明白」と、竹若殿をひそかに刺殺した
>
> （『太平記』より要約）

幕府滅亡の4日前には新田義貞が大軍で鎌倉に攻撃を開始し、幕府軍と激しい攻防戦を繰り広げます。室町幕府側の歴史書である『梅松論』にも「得宗高時の家人諏訪・長崎以下の輩が身命を捨てて防ぎ戦い、当日の浜の手の大将大館宗氏が稲瀬川で討死。

義貞軍はいったん退却した」とあって、ここでも諏訪・長崎両氏が大活躍です。
次に諏訪氏の名前が『太平記』に見えるのは、幕府滅亡のまさにその時。

東勝寺で最期の時を待っていた人々を前に、諏訪左衛門入道は先に切腹した摂津道準(せっつどうじゅん)から回された盃を心静かに三度傾け、高時殿の前に置き、「今より後は皆これを送り肴になさるがよい」と言って十文字に腹かき切って、その刀を高時殿の前に置いた。（中略）高時殿も切腹なさったので、堂上に居並んでいた北条一門・他家の人々合わせて三百八十余人が、我先にと腹を切って館に火を放った。庭や門前に居並んでいた兵たち総勢八百七十余人も自害したり刺し違えて果て、鎌倉幕府の繁栄は一時に滅亡したのであった。

（『太平記』より要約）

鎌倉幕府の実質トップである北条高時に引導を渡したのが、なんと諏訪左衛門入道。北条一門以下が最期を遂げた東勝寺は、執権邸の裏山の麓にありました。
編集者Nさんと執権邸跡・宝戒寺から東勝寺跡に向かう途中、渡った橋が架かるのは旧鎌倉市域で最大河川の滑川(なめりがわ)。水量はそれほど多くないけれど、幅が広くて切り立つ岩肌もあらわ、深さもあります。若宮大路の側溝の比ではなく、本格的に堀の役割を果たせそうな川です。

坂道を上っていくと、左手に平らにならされた空き地が広がり、野の花が咲き乱れています。そこが東勝寺跡でした。空き地の背後は山腹の岩壁にぐるっと取り囲まれていて、「まさに追い詰められたどんづまりですね」とNさんしみじみ。

寺跡の発掘調査によって、城としての構えに造られた寺だったことが明らかになっていて、背後を取り巻く岩壁が城壁で、本丸にあたる本堂を守り、本堂の上に立てば北鎌倉に通じる巨福呂坂(こぶくろざか)が見通せ、物見櫓(やぐら)の役割も。危険が迫れば、滑川の向こうの執権邸から移って、守りの拠点になるよう設計されていたそうです。

この寺を開いたのは3代執権泰時。泰時は、自らの執権邸の隣に御所を引き寄せ、11年後には執権邸に御所を取り込んだやり手。その後幕府滅亡まで98年間にわたり、御所が移転することはありませんでした。北条執権体制の基礎を固めた泰時が開いた寺で一族が滅亡の時を迎えるとは、歴史の巡り合わせは残酷です。

裏山には、一門の遺体を葬った「高時切腹やぐら」と称される横穴があるというので

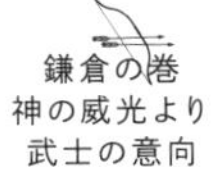

すが、現在は落石により立入禁止になっていました。シダやササが生い茂る森の入口で、じっとりとした霊気に包まれて言葉が出ません。７００年近い時が流れても、鎌倉の諏訪氏はじめあまりに多くの人が果てた現場はどこか不気味でゾクゾク。急ぎ足で坂道を下り、橋を渡り終えてホッと一息です。

鎌倉の諏訪氏の多くは、北条氏と運命を共にしました。でも生き延びた人もいて、滅亡目前の鎌倉でのやり取りを『太平記』で確認しました。

高時殿の弟泰家に仕える諏訪盛高は、家来を皆討たれ主従二騎となって泰家の館にやってきて、「今はこれまでと思われますので、最後のお供をするため参上しました。早くご決心ください」と切腹を勧めた。すると泰家は人を遠ざけ、盛高に「我が家の運が尽きないならば、子孫の中に家を再興する者が出てくるに違いない。それゆえ軽々しく自害してはならないのだ。逃れることができるならば、私はこの敗戦の屈辱を晴らしたいと思う。お前も命を長らえ、甥の時行をかくまって、時が来たら再び大軍を起こして本懐を遂げてもらいたい」と耳打ちした。

（『太平記』より要約）

甥の時行とは、得宗高時の次男です。

盛高は涙を抑えて「仰せのままに」と、高時殿の側室の所へ参上し、泰家との密約は固く心に秘めたまま、「今はこれまで。時行様もとうてい隠れおおすことはできません。大殿の死出のお供をなさいますのが親孝行でございましょう」と言い、悲嘆にくれる側室や乳母・女房たちが若君に取りすがるのを、心を鬼にして抱き取り、鎧（よろい）の上に背負って門外に走り出た。

（『太平記』より要約）

諏訪氏は嫡流の次男を預けられ、北条氏の再興を託されるほどの結び付きだったと見ていいのでしょう。ちなみに、伯父に連れられて逃げたという得宗高時の長男はあっという間に見つかって伯父とともに殺されたとも、その伯父が密告して処刑されたとも伝わります。というわけで、残る北条氏嫡流は、諏訪盛高に託された次男の時行のみとな

下社
諏訪湖
上社
上
大祝
北条時行
諏訪盛高
たっしゃでなー
鎌倉
鎌倉幕府
滅亡!

るのです。

諏訪盛高は若君を連れて信濃国へ逃れ、諏訪上社の大祝を頼ります。

2年後、諏訪上社の諏訪氏本家が中心となって、若君時行を擁して幕府再興に立ち上がり、北条氏の関係者や建武新政によって所領を没収された北条方の武士たちを味方につけて、破竹の勢いで鎌倉に突入。鎌倉を奪還します。

時行は、北条氏の後継者として名乗りを上げることができました。といっても、それもわずか20日ほど。京都にいた足利尊氏が大軍を率いて関東に向かったので、北条勢は各地で連戦連敗。

これでは勝ち目がないと思ったのだろう。諏訪頼重はじめ主立った者たち43人は大御堂(おおみどう)に走り入り、敵が近づかぬうちに刺し違え自害して亡くなった。その死骸は、どれも皆顔の皮をはいで、誰が誰とも見分けがつかないけれども、相模(さがみ)二郎時行もこの中にいるのだろうと思うと哀れであった。

(『太平記』より要約)

諏訪頼重は、諏訪氏本家の大御所です。

大御堂は勝長寿院（しょうちょうじゅいん）ともいって、源頼朝が父義朝の菩提を弔うため、大倉御所の正面に建立した源氏の菩提寺的な存在の寺でした。

2年前の鎌倉幕府滅亡時には、山を隔てた東勝寺で鎌倉の諏訪氏が自刃して果て、今度は諏訪氏本家の主要メンバーが大御堂で壮絶な最期を遂げました。皆顔の皮をはぐというすさまじい状況は、時行もその中にいると思わせるための偽装工作で、時行は逃げ延びます。

『梅松論』は、諏訪頼重らが自刃し、残る武士たちは降参したり攻め落とされたりしたと記した後、

> こうして7月の末より8月19日に至るまで20日余、相模次郎は再び父祖の地に立ち帰るといえども、幾程もなくして没落したのは哀れである。（中略）
> これを中先代とも二十日先代とも言う。
>
> （『梅松論』より要約）

これが中先代の乱です。「中先代」とは、鎌倉幕府で執権を務めた北条氏を「先代」、室町幕府を開いた足利氏を「当代」とし、その間だからの命名で、わずか20日でも代として数えるほど時行の鎌倉奪還はインパクトが大きかったわけです。

この時、時行は推定年齢7歳。まだ首謀者になれるような年ではありませんでした。時行が鎌倉を奪還した時に、後醍醐天皇が東大寺に出した綸旨（命令書）に、「信濃国の凶徒諏訪頼重以下の輩を追討するよう、真心を込めて念入りに祈祷するように」とあって、諏訪頼重が首謀者だと後醍醐天皇が名指ししていました。

日本の歴史のど真ん中で、諏訪氏本家が台風の目に。でも、これで諏訪氏本家も存亡の危機に陥ってしまいます。

2度にわたる鎌倉での敗北で、鎌倉の諏訪氏がなおも鎌倉に残ることができたかどうか…。

いずれにしても、歴史上から鎌倉の諏訪氏は絶え、地元の人によって守られてきた御成町の諏訪神社。末広自治会長の米里さんによると、「これまで氏子総代の方１人に神社の運営を任せきりでしたが、令和5年、コロナ禍で3年やっていなかった例大祭を前に、自治会に『よろしく』と話がきて、そこから関わりはじめたのです」。例大祭の後、諏訪神社の維持管理のために世話人会を立ち上げたばかりだといいます。「もともと神社というのはそこに住んでいる人が氏子で、地域の氏神さまとして祀られていて、結果的に神社の面倒は自治会が見ていたんですね。でも政教分離で、住民も住んでいるから氏子だというのが通らなくなってきた。そこで皆さんに相談して、会計や組織を分けて世話人会を立ち上げたということです。これからの諏訪神社の管理運営に希望が見えてきて安堵したところです」。

由緒の資料を作った世話人会の野村さんも、「鎌倉検定にも出てこない小さな神社ですが、調べていくうちに思ってもみなかったことが浮かび上がってきて驚きました」。

世話人会の皆さんの思いを聞いて、この地に鎮まってきた諏訪の神さまも安堵したのではないでしょうか。

COLUMN 5

頼朝ブランドの諏訪神社

宮城県仙台市の郊外、青葉区の愛子（あやし）という所に、源頼朝が祀らせたと伝わる諏訪神社があります。難読地名の愛子は、仙台と山形を結ぶ関山（せきやま）街道沿いの宿場だった所。関山街道は現在国道48号になっていますが、既に縄文の昔からこの街道筋に先人の生活があり、奥羽山脈の関山峠を越えた交易・交流もあったことが考えられます。愛子は峠手前の交通の要衝でした。

諏訪神社は田んぼが広がるなか、御殿山（ごてんやま）（標高185m）という形のよい山の麓。もともとは延暦年間（782〜806）に御殿山に山神を祀ったのが始まりとされ、禰宜（ねぎ）の宮野誉大（たかひろ）さんは「御殿山を神体山として、山の神さまをお祀りしていたと推測されますが、その神さまをお祀りしていた跡はありません。おそらく水が湧き出る山頂だったのでは。今も山頂に簡単な石造りの水分（みくまり）神社をお祀りしています」と話します。

社伝によれば「文治5年（1189）に源頼朝が奥州合戦の際、必勝を祈願し、勝利したお礼に社殿を造営させ、建御名方神を祀り諏訪社と改称した」そうです。交通の要衝にある霊験あらたかな山神に戦勝を祈願して、勝利したらそこに諏訪神を勧請したのでしょうか。「そうですね。頼朝公本人が来たかはわかりませんが、意思はあったということです」。

『吾妻鏡（あずまかがみ）』で奥州合戦時の頼朝の動きを確認すると、8月12日夕方に多賀国府に到着。13日は多賀国府で休息を取り、14日に発って平泉に向かっています。当時の多賀国府は、現在の仙台市宮城野区岩切（いわきり）の辺り。頼朝はこの時、愛子の山神の霊験を聞いて祈願をしたのか。

頼朝は奥州藤原氏を滅ぼした後、平泉からの帰りにまた多賀国府に立ち寄りました。頼朝の諏訪神勧請について社伝は「信濃国佐久郡の住人源房治の後裔佐久太郎房義・次郎治義が頼朝に従って来ていたので、社務を掌（つかさど）ることになったという」とさらに具体的です。しかし「この2人が誰かは特定できていません」と宮野さん。「佐久を拠り所とする一族で、諏訪の神祭りに通じている兄弟が頼朝に勧請を働きかけたのでしょうか」とわたくし。

鎌倉時代以降、国分（こくぶん）氏が一帯を治め、室町中期の康正（こうしょう）3年（1457）に国分氏が当社の再興を図って社殿を造営。宮野さんも「いったん廃れていたと思われます。それを再興しようと、社殿を現在の地に移して造営した康正3年の棟札が残っています」。棟札には最大の援助者である大旦那として「国分下野守宗治」の名が記されています。国分氏は下総国（千葉県）の豪族・千葉氏の一族で、鎌倉時代の地頭以来の家柄と言われてきましたが、正確なところは不明です。国分氏が史料上に姿を現すのは南北朝時代の14世紀半ばからで、『仙台市史』には国分氏は陸奥国分寺を中心とする国分寺郷（仙台市若林区の木ノ下・白萩町の辺り）に所領を持つ有力領主だったとありました。

　宮野さんは「国分氏が廃れた社殿を再興したのは、やはり何かしら源氏の影響力があったと思います。当社が国分氏配下の国分荘三十三ケ村の総鎮守、国分一宮となったのも、頼朝公が必勝祈願をされたことなどへの思いが強かった」と考えていて、源氏や頼朝ブランドには影響力や憧れがあったことがうかがえます。

　その国分氏は安土桃山時代の慶長3年（1598）に没落、支配が伊達氏に移った後は伊達氏の崇敬を受けました。現社殿の主要部分は寛永12年（1635）伊達政宗の代から宝永2年（1705）の間に完工したと推定され、「伊達氏の時代の一宮は別にありましたが、諏訪神社は仙台の西の大事な部分、との認識があったのかもしれません。愛子周辺は、田んぼが広がって人が多く住んでいて、氏子が多かったですし」と宮野さん。この頃になると、頼朝ブランドに加えて、この地の統治のメリットも重視されていたわけです。

　御殿山の山腹に真っ直ぐ延びる石段の上に、伊達氏が築いた諏訪神社の社殿がありました。巨大な覆屋で守られた本殿に横並びで三つの扉。三社造といって、中宮・左宮・右宮に分かれ、中宮には白幡大神、左宮には黒鳩大神、右宮には禰渡大神を祀っていますが、いずれも聞いたことのない神さまばかり。それよりも主祭神の建御名方神はどこにいるのか宮野さんに聞くと、「本殿を見ても、ここに建御名方神をお祀りしているという場所がなく、名前だけ浮いている感じになっています」との答え。目が点です。お祀りされていないけれど、主祭神は建御名方神と伝わっている？「そうです。神事は『諏訪の大神』にしていますが、山の神さまが大元、本流という考えは江戸時代もありました」。江戸後期の古文書『朝日山龍泉寺伝記』（神仏習合時代、当社にあった寺院）にも、「頼朝公が建立される以前は、諏訪ではなく白幡黒鳩禰渡の三神を祀っていた。頼朝公から諏訪の号をいただいたので、表向きは諏訪、裏向きは三神が祭神だと知るべし」と書かれています。公の祭神は諏訪の神さまだけど、私のルーツは山の神さまと山そのもの。公私はきっちり分けているという感じでしょうか。『朝日山龍泉寺伝記』の白幡・黒鳩・

禰渡の3神の説明も興味をそそりました。

①白幡の神の本地仏（ほんじぶつ）は普賢菩薩（ふげんぼさつ）。信州上諏訪の本地仏で普賢堂がある。

②黒鳩の神の本地仏は薬師如来。黒い理由は鳩ではなく鴉（からす）だからで、鴉（八咫烏（やたがらす））は熊野新宮に関係。

③禰渡の神の本地仏は千手観音。信州諏訪社は田村将軍が東征の際に祈願して、東征の守護神となったから。

神仏習合では神と仏を一体とし、神の本体とされる本地仏があてはめられています。白幡神と諏訪上社本宮の本地仏、黒鳩神と諏訪下社春宮の本地仏、そして禰渡神と諏訪下社秋宮の本地仏が同じ、ということは、本殿に諏訪神をお祀りせずとも、建築当時山神3神とその本地仏と諏訪神が合体していたからよし、なのでしょうか。

それにしてもルーツの山神がしっかり生き続け、諏訪の本社ともうまく整合性を取ったものだと感心していると、編集者Nさんが「境内に鐘楼がありますよ。神社に梵鐘（ぼんしょう）」とささやきました。確かに。梵鐘はお寺にあるものですよね。明治になるまで境内にあった龍泉寺の御本尊だった不動明王も祀られていて、今も毎年、不動明王祭があるそうです。あぁ、明治の神仏分離をどうやり過ごして、この形になっているのでしょう。古来の信仰が地層のように積み重なって、しかも現役で同居している愛子の諏訪神社。来るものすべてを拒まず、手放さないことに〝諏訪的〟な姿勢を見た思いでした。

御殿山に真っ直ぐ延びる諏訪神社への石段。本殿に祀っているのは白幡黒鳩禰渡の三神

京都の巻 大

地縁は血縁ほどにモノをいう

1　都のど真ん中に諏訪神社

諏訪円忠の登場

京都は洛中のど真ん中に「御射山町」という町があります。ここに、京都諏訪社があるとの情報を耳にしました。

地図を見ると、三条通と四条通の間で、南北に通る東洞院通沿いに御射山町があります。京都の中心を表すといわれる「へそ石」がある六角堂（頂法寺）のすぐ近く。

まずは御射山公園という大きな公園を目指して行ってみました。生け垣と木々に囲まれた公園は、園内にも程よく緑の木陰があって、あちこちに配されたベンチや遊具で親子連れや通りがかりの人が憩っています。都の真ん中に、諏訪に縁のありそうな「御射山」が公園名として石碑に刻まれ、標識にも記されているのを見てうれしくなります。
御射山町は東洞院通を挟んで両側に広がる両側町なので、通り沿いを見て歩きましたが、公共施設・店・会社・飲食店…はあっても神社が見当たりません。諏訪社はどこに？

『角川日本地名大辞典26　京都府上巻』によると、御射山町の町名は、町内にある諏訪社にちなんで江戸前期には「すわの町」と呼ばれていて、江戸中期以降に現町名になったとありました。なんと元は「諏訪町」そのものだったようです。現町名の由来は、祇園祭の山鉾（やまぼこ）巡行にあたり、かつては当町が御射山という山鉾を出したことによるとのこと。なのに肝心の諏訪社が見当たらない。

御射山町で諏訪社を探したのは、どうやらわたくしだけではなかったようで、国文学者で民俗学者の福田晃（あきら）さんが『京の伝承を歩く』で、御射山町の諏訪社を訪ねた様子を次のように記しています。

商事会社のビルが林立して、とても社などは見当たらぬ。が、尋ね尋ねて、諏訪社を預かるという斎藤家を知る。（中略）年に二度、ささやかに祭りは営んでこられた由（後略）。

（『京の伝承を歩く』より引用）

斎藤家は神官の装束および神社調度品などを扱う商家でした。改めて御射山町に出かけ、御射山公園の道向かいに斎藤家のビルがそびえているのを確認。

わたくしは令和2年（2020）に1年間、京都で暮らしていました。前作『諏訪の神さまが気になるの』を書きながら、歴史の知識がなさすぎて四苦八苦、なかでも室町時代がチンプンカンプンだったことから、千年の都にして室町幕府のお膝元、京都で大学の聴講生になって歴史を見る目を養い、最新知識も仕入れてしまおう、と思ったのです。

ところが折しもコロナ禍元年。斎藤家に突然話を聞きたいとはとても言えない状況でした。しかも以前、信州人の知人が京都の人から「木曽義仲と同じ信濃の山猿」と言われたと聞いていたため、なかなか踏み出せず。何度か御射山公園から斎藤家のビルを見上げて、京都諏訪社を預かることになった経緯や現況を聞きたいと思いながら、時が過ぎました。

世間が少し落ち着いた令和4年、意を決して連絡を取ってみれば、至って優しく親切な奥様から、斎藤家が京都諏訪社を預かることになった経緯を聞くことができたのです。

「もともとお諏訪さんは、東洞院通を挟んでうちの前にあったそうです。区役所が建つ時に移転を迫られて、うちが神社関係の仕事柄ということもあって、うちで預かることになり、中庭で祀っていました」

昭和4年（1929）、上京区と下京区の間に中京区ができて、区役所を設置するために移転を迫られ、預かることになったということです。その後、区役所は二条城の南に移転し、今はウィングス京都という京都市の男女共同参画センターが建っています。

「その時、諏訪社の場所をつくってもらって戻れれば、誰でもお参りしやすくなると思ったのですが」

実現には至らず、そのままに。福田晃さんが斎藤家を訪ねた頃はちょうどビルに改築中で、著書にも「お社は八坂さんにお守りしてもらっています」とありました。ビルの完成後は斎藤家に戻り、9階建てのビルの屋上に鎮座されて今に至ります。

「お祭りは、町内の人が集まってやっていましたが、今は民家がうちだけで、あとは会社になってしまったので、夏に八坂さんでお祭りをし、暮れにはうちだけでお祭りをしています」

お参りをさせてもらうと、小さいながらも立派なお社が、屋上の北西角に鎮座していました。ずいぶん空に近く、眼下に京の町が広がっています。斎藤家ただ1軒になってしまっても、御射山町のビルの上で大切にお祀りされていました。

そもそもなぜ都の真ん中に諏訪社があるのでしょうか。全国に諏訪大社の分社が広がった理由の一つとして、鎌倉時代に諏訪の上・下社が7月に行っていた「御射山祭」という狩猟神事に参加した武士たちが、自分の領地に諏訪神社を勧請したことが挙げられます。しかしここは京都。どんな由緒が隠れているのか――。

京都諏訪社の始まりははっきりしません。でも、基礎を固めたと考えられるのが、諏訪氏の分家筋の家に生まれた諏訪円忠です。室町幕府初代将軍足利尊氏（たかうじ）の信任が厚く、存亡の危機に陥った諏訪社と諏訪氏を再生・発展させた立役者といわれる人物です。

円忠は鎌倉後期、永仁（えいにん）3年（1295）生まれ。鎌倉幕府で奉行人を務めていた叔父の養子となり、奉行人になります。鎌倉幕府が滅亡し、鎌倉で力を振るった諏訪氏の多くが北条氏と運命を共にしますが、事務官僚だった円忠は生き残り、それればかりか建武新政で新政府に召し出され、争いが続出していた所領に関する訴訟を裁く雑訴決断所に38歳で再就職。政権がガラッと変わっても新政権から声がかかるとは、有能で鳴らしていたのでしょうか。

と思ったら、これには理由がありました。鎌倉時代には朝廷への訴訟と幕府への訴訟が別々だったのに、幕府がなくなって全部朝廷にいくようになったので、案件が膨大になって組織を拡充、旧幕府の奉行人も多く所属したというのです。後醍醐体制は、朝廷の公家官僚と旧幕府の武家官僚が合体したものでした。

ところが再就職も束の間、建武2年（1335）に諏訪の諏訪氏本家が、北条氏嫡流の遺児時行を擁して中先代の乱を起こし、諏訪氏は朝敵の汚名を被ってしまいます。諏訪の本家は存亡の危機に陥り、円忠も職を辞して諏訪へ。でも、円忠は諏訪に埋もれたままでは終わりませんでした。次は室町幕府の官僚として再々就職。円忠の出仕について、天隠龍沢という室町中期の禅僧の語録に次のようにあります。

足利尊氏将軍は兵馬の権を握り、六十余州を指揮するようになり、夢窓国師の下で仏法を探究するようになった。国師が言うには「信州諏訪の神氏一族に円忠なる者がいる。臥竜(がりょう)である。将軍が天下を治めようというのであれば、円忠を召すべし」と。将軍が円忠を草庵から召し出して意見を求めると、復興の道をもって対応が流れるようであった。将軍は大いに喜び、出会いの遅かったことを恨んだ。円忠は朝となく暮れとなく将軍の屋敷に出入りし、多くの有益な進言をした。

（『天隠語録』より要約）

室町幕府への再々就職は、鎌倉で円忠の切れ者ぶりに接したと考えられる夢窓国師の推薦でした。やはり有能だったのでしょう。室町幕府の組織には、鎌倉幕府と後醍醐政権経験者が多く所属していたといいます。

円忠の屋敷は、御射山町にあったようです。というのは、京都祇園社（現八坂神社）の庶務を司る執行(しゅぎょう)家の日記『祇園執行日記』の正平5年（1350）8月20日に、「諏訪神左衛門、四条坊門(ぼうもん)に借住す」とあって、諏訪氏一族の諏訪神左衛門が上洛して、今の御射山町に家を借りて住んだと読める記録などから、一族の拠点があったとみられるからです。

つまり、京都のど真ん中にある諏訪社は、京都に出仕した円忠が連れてきた諏訪の神

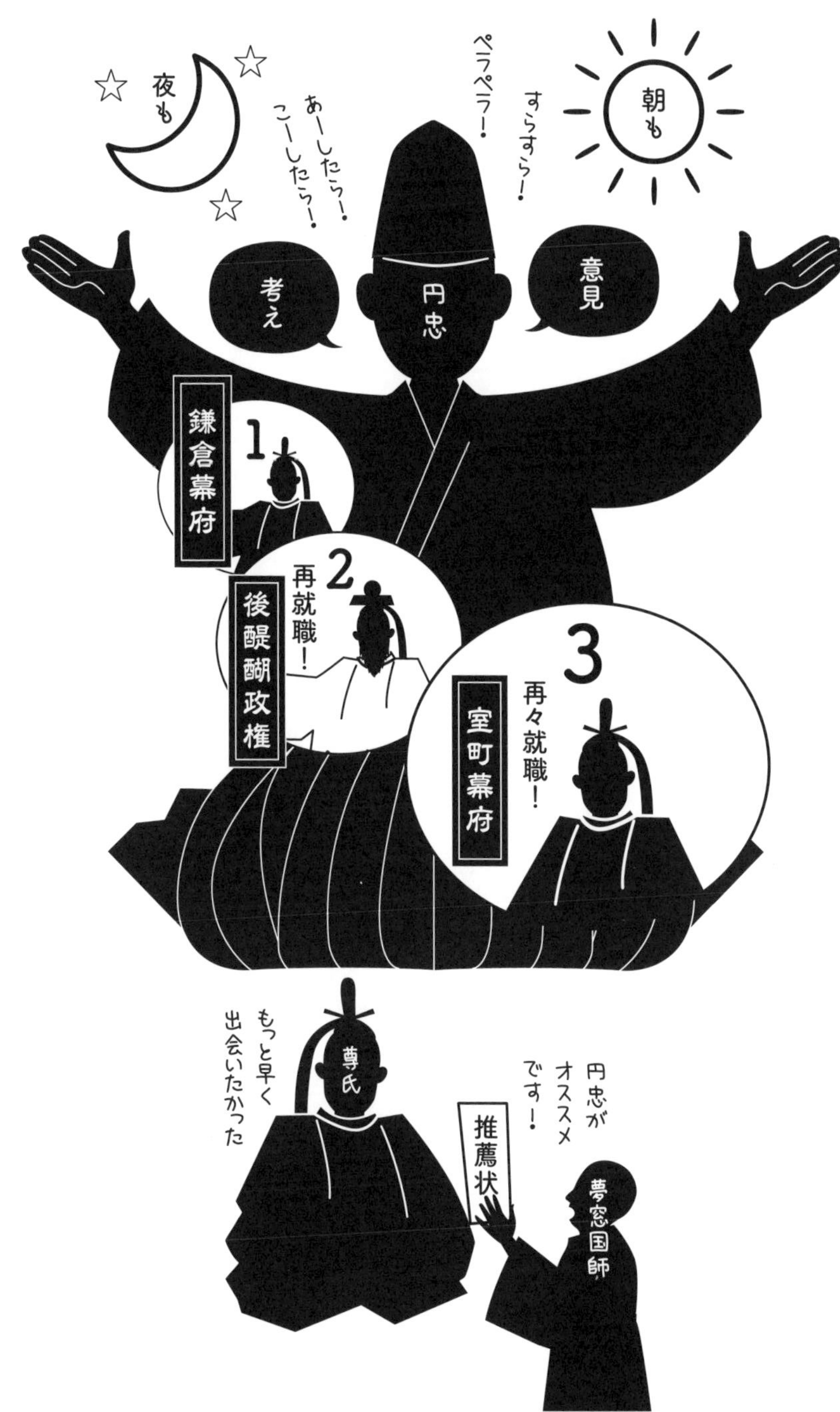
朝も
すらすら！
ペラペラ！
あーしたら！
こーしたら！
夜も
考え
円忠
意見
1
鎌倉幕府
2
再就職！
後醍醐政権
3
再々就職！
室町幕府
もっと早く
出会いたかった
尊氏
円忠が
オススメ
です！
推薦状
夢窓国師

さまをお祀りしたと考えるのが妥当でしょう。

御射山町から目と鼻の先に、尊氏が政務を執った広大な邸宅・三条坊門第（ぼうもんてい）があり、その名も「御所八幡町」に足利尊氏邸跡の石碑が立っています。さらには後醍醐天皇の内裏（だいり）だった二条富小路内裏跡も、尊氏邸跡の北側すぐ近く。円忠の時代はこの一帯が政治の中心地であり、ここに諏訪社が残っているということは、円忠を祖とする京都諏訪氏が政権に深く食い込んでいたことの証だと思われます。

庶民に溶け込む風習

京都諏訪社について、「御射山祭の話」（『伊藤冨雄著作集』第一巻）にこんなことが書いてありました。

京都東洞院三条南にある諏訪社は、その始めを審（つまび）らかにしませんが、足利尊氏の信仰を受けた神社であります。貞和(じょうわ)四年（１３４８）四月五日、尊氏は霊夢の告により、諏訪社法楽のため、自らその子命鶴丸(みょうづるまる)と共に、十番の笠懸(かさがけ)を射、なお太刀一振・馬一疋を奉納しています。法楽とは神慮をなぐさめ奉る催しをいうのであります。また室町幕府は将軍元服の際、この神社に神馬を奉納するのが例となっていました。

（『伊藤冨雄著作集』第一巻より引用）

笠懸というのは、馬を走らせながら的を射る武術で、当初は頭にかぶる笠を的にしていたのでこの名があります。尊氏と共に笠懸を射た命鶴丸は、『太平記』に「容貌当代無双の児」と出てくる近習です。

また、将軍元服に際し神馬を奉納したのは、北野・祇園・吉田・大原野など古代から朝廷が祭り続けてきた諸社や、足利氏にとって氏社である八幡社で、そこに諏訪社が入り込んでいたことがわかります。

鎌倉中期、上社大祝を退位した後に鎌倉で執権北条氏の家臣となり、24時間フル勤務の警備員からたたき上げた諏訪盛重に対して、円忠は既に鎌倉幕府で奉行人としての基盤があったので、室町政権内で政治力を発揮するとともに、諏訪信仰を広めることができたのでしょうか。都の真ん中に社を構え、都にあまたある神社の中で、将軍家からの信仰を得ることができたのは、やはり円忠あればこそ。円忠は室町幕府の中枢で「諏訪明神の神威は絶大」「こんなに御利益がたくさん」とアピールしたに違いありません。

円忠が京都諏訪社の神主であったかはわかりません。けれど、初代円忠以降、奉行人を世襲した京都諏訪氏は京都諏訪社の神主も務め、幕府や朝廷からの信仰を得ていました。諏訪では江戸時代に至るまで、祭政一致の体制が続いたことが大きな特徴でした。京都諏訪氏も、京都でこのスタイルを踏襲していたのです。

文明2年（1470）に8代将軍義政が、京都諏訪社に次のような願文(がんもん)を捧げています。

年々反逆が重なり兵乱が広がっていて、嘆かわしいことです。当社は、威徳を国内ばかりか外国にも施し、三韓征伐をはじめ神変を頻繁に現すと知られています。早く都に降臨されて、凶徒を討伐、滅亡させていただきたい。そのため後花園上皇が手ずから般若心経を書写され、私も誠心誠意お祈りをし、

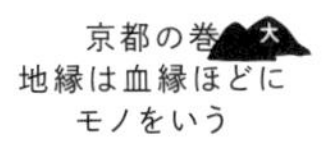

神剣を捧げます。

（「足利義政願文」より要約）

京都で諸大名が東軍と西軍に分かれて争った応仁の乱が、長期化し深刻化する中での願文です。

長野県立歴史館の村石正行さんによると、「天皇に背く凶徒の討伐を祈願していて、南朝の末裔を戴こうとする義政の弟義視ら西軍の動きを念頭に置いています。文面は、神功皇后の三韓征伐で諏訪明神が神威を現したことなど、『諏方大明神画詞』（以下『画詞』）に見られる神威の主張を踏まえていて、その影響を色濃く見せる内容です」とのこと。『画詞』は、諏訪明神の由緒や神威と年間祭事を記した超豪華絵巻で、これを作り上げたのも円忠。義政が『画詞』を見て、諏訪明神への信仰を深めていたことがわかるというのです。

当時の奉行人は、円忠の5世孫の諏訪貞通。貞通は後日、願文の写しを作成して信濃の諏訪上社に奉納し、それが今でも上社の大祝家文書に伝わっています。「京都諏訪社は、将軍家の祈願所に近い位置付けだと思います。貞通は一般には知られていませんが、この貞通こそ、将軍や幕府の要人、天皇や貴族たちを通して諏訪信仰を拡大させた張本人です」と村石さん。初代円忠とともに、貞通も諏訪信仰発展のキーマンだといえます。

村石さんによると、京都諏訪社では信濃の諏訪社で行う祭りを同じ日に行っていたのだそう。「諏訪貞通は、7月の御射山会（みさやまえ）（祭）という御狩祭（みかりさい）の時に、9代将軍義尚（よしひさ）はじめ幕閣の中心メンバーや貴族たちに何度も法楽和歌を勧めています」。和歌を奉納して、神さまに楽しんでいただくのが法楽和歌です。

人は、自分が楽しい、素晴らしいと思うものを神さまに奉納します。時代が変われば、神さまに奉納するものも変化する。当時、和歌や連歌は、貴族だけでなく武士にとっても、人脈を築いたり仕事を円滑に進めるのに不可欠なコミュニケーションツールでした。武家官僚の奉行人は、日常的に公家や有力寺社と交わる中で、和歌や連歌などの文芸もたしなむようになって、文官としての能力を磨いていったようです。「京都諏訪氏は、神主として法楽和歌を通じて幕閣や貴族に諏訪信仰を広げたのです。中世後期の諏訪信仰は、京都諏訪氏が積極的にこれを宣伝し、京都でも実践拡大させていたことが特徴です。諏訪信仰の全国展開を考える上で、忘れてはならないことでしょう」。

7月の御射山会は、信濃の諏訪社と同様26日に狩猟を行い、27日にその獲物を神前に供えて祭りを行いました。27日は盛大に笠懸も行われ、弓の名手が腕を競い、見物の群衆が垣のように馬場を取り巻くほど都の名物に。

多くの人の注目を集め、諏訪信仰の普及につながった結果、京都方面に発生したのが「尾花粥（おばながゆ）」の習俗。尾花とはススキの穂のことで、室町時代の記録によると、尾花粥は7月27日の御射山会の時に捧げた尾花を取って置き、それを黒焼きにして調え、8月1日に食べたとか。「諏訪円忠の研究」（『伊藤冨雄著作集』第一巻）にも「御射山祭は、参詣の人々みな薄穂（すすきほ）（尾花）を奉幣するの習であったから、京都諏訪社の例祭にも、これを奉ったことは疑いなく、尾花粥の習俗はこれから始まったもので、諏訪信仰が、いかに一般に普及していたかが判る」と記されていました。

尾花粥を『広辞苑』で引くと、「宮中で8月朔日（ついたち）に疫病を除くために用いた粥。ススキの穂を黒焼きにしてまぜる」とありました。『広辞苑』に載っていたことにも驚きましたが、これが宮中の行事食にまで取り込まれていたことにびっくり。さらに「尾花の粥」は、秋の季語として『俳句歳時記』にも載っていて、「黒焼きにした薄の穂を粥に混ぜたものをいう。八朔（はっさく）の祝いに食した。疫病除けの良薬になると信じられた」。

足利将軍や天皇から庶民まで、信仰を広げた京都諏訪社ですが、戦国時代になると、権勢が衰えた足利将軍が畿内や周辺などを流浪するようになり、京都諏訪氏も京都諏訪社での祭りが思うに任せなくなったと思われます。

そして室町幕府は滅亡し、いつしか京都諏訪氏の子孫も絶えてしまう。

それでも京都諏訪社は、町の人たちによって守られ、現在はビル街でただ1軒となった斎藤家によって祀られているのは先に記したとおりです。幾多の激変をくぐり抜け、諏訪社の名前と祭りが残り続けることができたのは、地元の町の神さまとして根付いていたからでしょうか。この顛末を編集者Nさんに話すと「途中で合祀されなかったのも、人口の多い京都だからかもしれませんね」。

室町期、諏訪信仰の拡大に京都諏訪氏が尽力したことは間違いありません。さらに後の世になっても、人々の暮らしに諏訪信仰が溶け込んで、もはや習俗の一つになっていたのは、それだけ庶民に結び付いてきたからなのでしょう。

COLUMN 6

評判を得るための切り札

室町幕府の奉行人で、初代将軍足利尊氏の側近として活躍した諏訪円忠。上社大祝家の分家出身の円忠が、諏訪信仰に残した最大の功績は、諏訪明神の由緒や神威、年間祭事をまとめた『諏方明神縁起』（今に伝わる『諏方大明神画詞』）の編さんだと思われます。

十年以上の歳月をかけて資料を集め、疑問点は当代一流の学者や神祇(じんぎ)の専門家に問い合わせ、延文元年（１３５６）に完成。当初は10巻の絵巻物で、内容は諏訪明神の由緒や神威をつづった「縁起」が3巻、諏訪社で行われる祭りを正月から月を追って紹介する「祭」が7巻で成っていました。絵と説明文に超一流の絵師と書家が腕を振るい、その上、全巻にわたって外題(げだい)（表紙の書名）を後光厳(ごこうごん)天皇が直筆し、奥書(おくがき)を将軍尊氏が記すという権威の豪華版です。

表向きの製作理由は、紛失した『諏方社祭絵』の再興ですが、やり手円忠の動機がそれだけであろうはずがありません。後ろ楯としていた鎌倉幕府北条氏の滅亡とともに衰退した諏訪氏と諏訪社を再興し、権威を高めるために手を尽くして立派な絵巻を作ったのだろう、と推測されます。

この豪華絵巻は、円忠が後書きに「願わくばこの書画が不朽にして子孫の家に伝わるように」と記したとおり、円忠を始祖として奉行人を世襲した京都諏訪氏の嫡流が受け継ぎました。完成時には3巻だった縁起の部は2巻が追加。軍神としての活躍や、天皇・高僧との関わりを語って全国区を意識した前3巻に対して、追加2巻のメインは諏訪。「『諏方大明神画詞』諸本考」（『國語國文研究』第１５7号）によると、2巻の追加は円忠（１２９５～１３６４）の死後なので、京都諏訪氏はこの絵巻をきちんと受け継いでいたことがわかります。

豪華絵巻は大評判でした。借用申し込みが引きも切らず。朝廷の役人である中原康富(やすとみ)の日記『康富記』には「嘉吉二年（１４４２）六月十一日　伊勢兵庫助の家に行ったら、ちょうど諏訪忠政が『諏方明神縁起』十二巻を持参して来ていて、読み上げているところだった。そこには足利尊氏殿が奥書を記され、外題は後光厳院が直筆されていた（要約）」と出てきました。

何人かが一緒に豪華絵巻を見ていて、中原康富が何に感動したかといえば「足利尊氏殿が奥書を記され、外題は後光厳院が直筆されていた」こと。まさに円忠の思う壺です。諏訪忠政は円忠の4世孫。豪華絵巻に感動した中原康富の日記の続きには、伏見宮貞成(さだふさ)親王から「まだ見ていないので貸してもらいたい」とねだられて、諏訪忠政に了解してもらったとか、伏見宮がご覧になった後「後花園天皇にお目にかけるように」と言われたなどなど…。皇室の方々にまで「見たい」「見せたい」と言わしめた豪華絵巻。始祖円忠の頑張りで、子々孫々まで名誉この上なしです。後花園天皇にお目にかけた時、追加の2巻に外題を直筆していただいたと見られていて、子孫も豪華絵巻の権威付けに抜かりなし。

その後も円忠の5世孫・諏訪貞通が、2度にわたって後土御門(ごつちみかど)天皇に豪華絵巻をお目にかけています。

次に豪華絵巻が貴人の目に触れたことが記されているのは、公卿で神道家の吉田兼右(かねみぎ)の日記『兼右卿記』。吉田兼右が13代将軍義輝(よしてる)の御前で数巻を読み上げたことが載っていました。将軍が京を追われたりすげ替えられたりする下克上の世で、義輝が将軍権力回復のため積極的な活動を開始した初めての正月のことでした。義輝が見聞きした1・2巻には、神功皇后の三韓征伐や坂上田村麻呂の蝦夷征討で、諏訪明神が勝利に導いた華々しい神威が描かれています。義輝は、軍神諏訪明神に心動かされたことでしょう。ところが義輝は永禄8年（1565）に暗殺され、室町幕府は混迷の末に滅亡。

となると、気になるのが豪華絵巻のその後です。長野県立歴史館の村石正行さんが「慶長6年（1601）に京都の豊国(とよくに)神社の社僧、梵舜(ぼんしゅん)が原本を見て写したと奥書にある写本が、東京国立博物館にあります。梵舜本と言われているもので、唯一の一次写本（原本を直接写したもの）です。ということで、少なくとも慶長6年まではありました」と教えてくれました。

梵舜は13代将軍義輝の御前で絵巻を読み上げた吉田兼右の次男。梵舜は関ヶ原の戦いの翌年に書写していたのです。

梵舜が写した後、原本は残念ながら行方不明。梵舜本の他には、伊那郡の豪族知久(ちく)氏出身の僧・宗詢が、文明4年（1472）に高野山の金剛峯寺悉地院(こんごうぶじしっちいん)で写本を見て書写した二次写本があり、そこからさらに幾つも写本が生まれました。

説明文の写本が伝わっただけでも、本当によかった。それらが中世の諏訪信仰を知るのに欠かせない史料として読み続けられています。

2 諏訪の本社の御ために

祭り奉仕の裏側で

室町幕府の奉行人にして初代将軍足利尊氏の側近として活躍した諏訪円忠は、京都の中央政界で諏訪信仰を広めただけではありませんでした。諏訪の本社にも大きな利益をもたらし、信濃での諏訪信仰を盛んにします。それは祭りによってです。

鎌倉時代、諏訪社を崇敬した鎌倉幕府は、諏訪の上・下社で行っていた狩猟を伴う二つの神事に、信濃国中の地頭・御家人を順番に頭役（頭番役）として勤仕させていました。5月の「五月会」と7月の「御射山会（祭）」です。諏訪の神さまは軍神であり、武士の軍事訓練として欠かせない狩猟による殺生の罪を免じてくれる、狩猟神として信仰されていたからです。頭役に当たった御家人は、神事費用を負担し、家来や村人を引き連れて諏訪へ行き、祭りの運営に奉仕しなければなりませんでした。

室町時代になっても、室町幕府が信仰の対象として諏訪社を重視したことから、鎌倉幕府の政策を踏襲。二つの狩猟神事の頭役勤仕は続くことになります。御家人にとって頭役勤仕は負担でしたが、それは社会的地位を示すものであり、大きな特権もありました。

そもそも鎌倉幕府による頭役制度がいつ始まったかはよくわかりません。「諏訪上社中世の御頭と鎌倉幕府」（『伊藤富雄著作集 第一巻』）は「宇都宮大明神の五月会が、元暦元年（1184）源頼朝によって創始されているので、当社の五月会・御射山両頭も、既に頼朝の時代から幕府の沙汰として行われたものと想像されるが、未だ明瞭な徴証がない」としています。

『吾妻鏡』に登場するのは、3代執権北条泰時の時代、嘉禎3年（1237）9月16日条に「信濃国諏訪社の明年の五月会神事等について沙汰があった云々」が最初です。だれが何の頭役に勤仕するかは、幕府の下知状（命令書）によって指示されていて、下知状のとおりに勤仕することが、幕府に忠誠を尽くすことになるという理屈です。

『下諏訪町誌』によると、頭役は14年に1度回ってきて、莫大な神事費用は支配下の郷村から集めてまかない、私財をなげうつ者も少なくなかったようだとのこと。『諏訪市史』には、「頭人にあたった武士は、御狩に参加した武士らの供応を準備するなど、経済的負担は大変なものであった。そのため国からもいくつかの特権が認められていた」として、次のような特権を挙げています。

①課税の免除
新任国司が行う初任検注（けんちゅう）（田畑検地）を免除され、その国司の任期中、開発した新田の課税が免除される。

②警備の免除
経費や日時がかかり負担が大きい鎌倉番役（鎌倉の警備に当たる）と頭役が重なると、鎌倉番役は免除される。

新任国司の初任検注については、『吾妻鏡』の延応（えんおう）元年（1239）11月1日に、頭役たちが検注免除に関して「頭役の当番となった年だけ免除されても、後年になって検注を行われては、免除の甲斐がありません」と訴訟を起こしたため、上社大祝の諏訪信重に先例を問い合わせ、9日に信重が「頭役に当たっている年に限らず、その国司の任期中免除される事が先例です」と答申して認められたことが記されていました。

開発した新田の課税が免除されることは、大きな特権でした。信重は、大祝を引退した後鎌倉に出て執権北条氏の直属家臣となって幕政の中枢で力を持つまでに出世した盛重の息子です。特権がいつから認められていたかわかりませんが、鎌倉中期の信重の時代には特権があったことは確かです。

他ならぬ諏訪円忠が編さんした『諏方大明神画詞』（以下『画詞』）にも、頭役に当たれば免罪や赦免の特権を認める慣例があったことも紹介されています。義務として頭役に経済的負担を強いる代わりに、幕府もあれこれ特権を用意して便宜を図っていました。

こうした頭役勤仕による諏訪社の二つの狩猟神事について、『諏訪市史』は「幕府の保証する狩猟儀礼として、信濃はもとより東国でも社会的公認を得ただけでなく、高い格式をもったものとして武士層が積極的に参加するような権威を獲得した」としています。

そこでもう一度、諏訪円忠です。円忠は室町幕府に働きかけて、この二つの狩猟神事

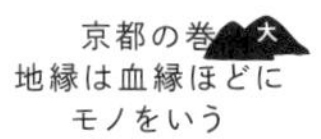

に加えて花会（はなのえ）という神事にも、信濃国中の地頭・御家人を順番に勤仕させるようにしたというのです。花会は、4月8日に釈迦（しゃか）の誕生を祝福する仏教神事で、神と仏を一体として信仰する神仏習合の時代ならではの祭りです。

> この花会御頭（輪番での勤仕）は、円忠が室町幕府に働きかけて創始したもので、諏訪上社の大きな成功であった。これにより室町幕府と上社の関係は、鎌倉幕府と変わらぬことを国内並びに天下に実証し、いよいよ諏訪信仰発展の機運をつくったのである。
>
> （『県宝守矢文書を読むⅡ』より引用）

室町幕府は、頭役制度による信濃武士支配をさらに進め、頭役に当たった武士は、忠実に勤めてますます幕府に忠誠を尽くす。円忠は『画詞』に花会の様子を次のように記しています。

> 四月七日、本宮にて花会を右頭（うとう）の担当で行う。舞楽あり。大祝以下、神官、神使（おこう）（大祝に従って1年任期で神事を執り行った、諏訪氏一族の子息6人）、

氏人、左右の頭人、社僧と着座の順番は常の如し。
饗応の膳が振る舞われた後、神前供物を引出物とする。大祝の分は、剣・弓矢・沓（くつ）・行騰（むかばき）（騎馬の際に着用する、腰から両足を覆う鹿皮製品）・鞍を置いた馬や美しく飾り立てた馬など。そのほか神官社僧七十余人に鞍を置いた馬、兵具、絹布などを分配する。次に頭人が奉幣し、銀剣や絹布、白紙などを広蓋（ひろぶた）に入れて神前に奉る。また楼門前の廊で舞楽あり。都や地元の楽人が寄り合って行った。舞が終わると、左右の舞師は禄を賜った。その後、貴賤の参会者は退散した。

（『諏方大明神画詞』より要約）

花会の頭役は、右頭と左頭（さとう）の2頭体制で行われました。

まず7日は右頭の担当。大祝以下、神官社僧70余人の引出物となる神前供物の多さに驚きます。饗応の膳もさぞや豪華な美味が用意されたことでしょう。舞楽には都の楽人も参加して、雅びな風が吹き込んでいました。

では花会の本番、8日の様子は次のとおりです。

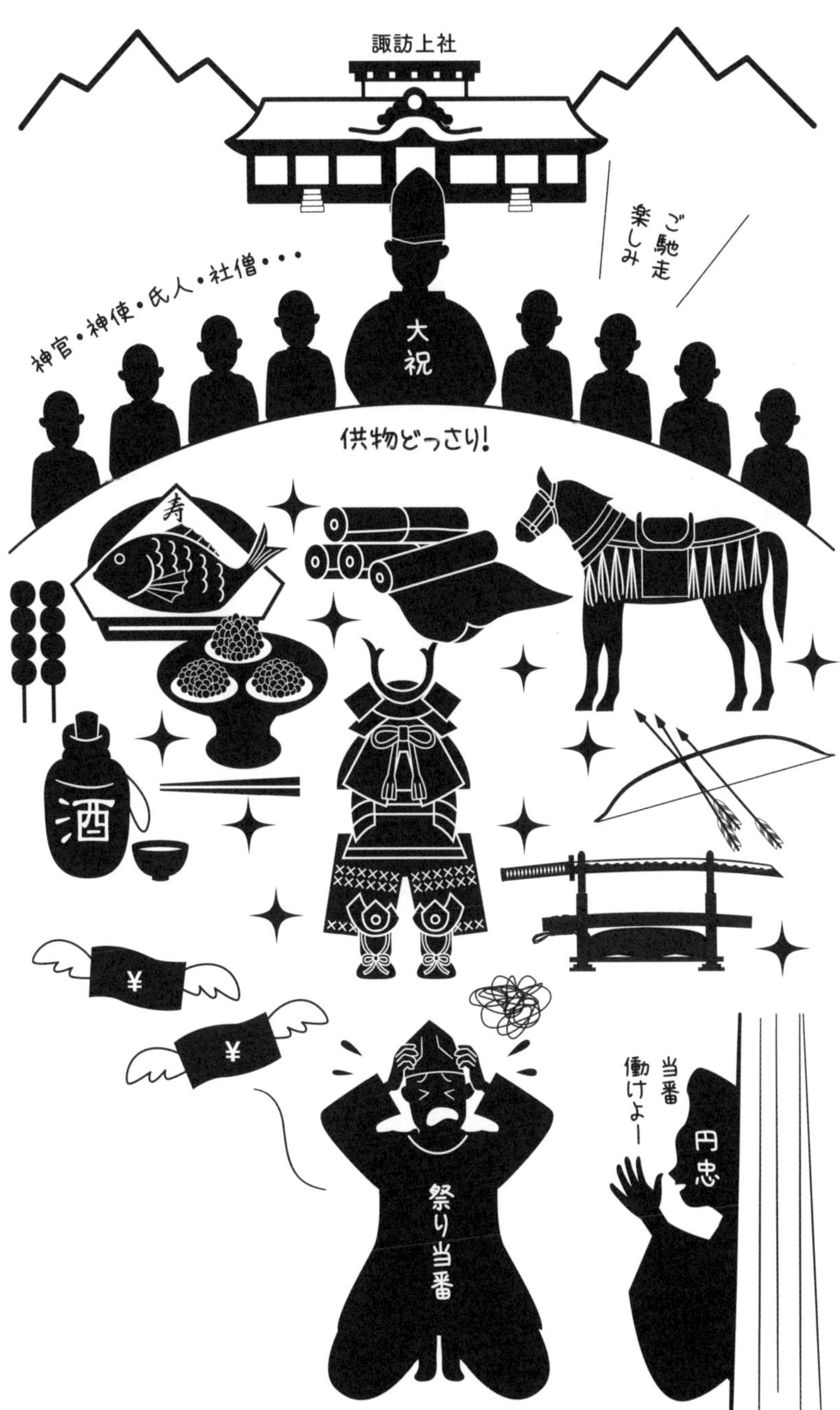

諏訪上社
ご馳走楽しみ
神官・神使・氏人・社僧・・・
大祝
供物どっさり!
寿
酒
¥
¥
祭り当番
当番働けよー
円忠

八日の花会は左頭が担当し、神宮寺にて法会と舞楽を行う。法華講論があり、百種の捧げ物を御堂(みどう)前の中央に積んでおく。大祝以下神官、左右の頭人など皆、御堂の廊に着座する。引出物は昨日と同じ。左右の桟敷に加え、郡内外から集まった群衆が神宮寺一山に充満している。まずお練りがあり、法服の僧と水干(すいかん)の児童が花箱を持ち、楽人は楽器を持って連なる。また左の頭人は花箱を捧げ、右の頭人は薪を持って回る。これに頭人の一族家来がたくさん従う。

楽屋では舞楽の秘曲を一日中奏でる。そうした中で酒宴を行う。晩になり、今年の頭役が来年の頭役の指名書を捧げて大祝の前へ進み、大祝の仰せをうかがって頭人の代官に渡す。左右の舞師は禄を賜って退出する。厳しい氷雪の時期を過ぎ、咲き残った花の艶が春を留め、山中の寺社の景色は何よりも趣深く素晴らしい。

(『諏方大明神画詞』より要約)

8日は、本宮の隣にあった神宮寺が会場でした。神宮寺では上社の仏事を行い、御堂(普賢(ふげん)堂)には上社の本地仏・普賢菩薩を祀っていました。8日担当の左頭は、百種もの捧げ物に加えて、昨日と同様の神前供物を用意します。神前供物はまた引出物になるわけで、2日にわたって神社関係者が饗応接待されていると思ったら、『県宝守矢文書を読む』に「頭役は、神官・社僧らを饗応することに重点が置かれ」「頭役が負担する多額な金額は、祭祀の費用となるわけだが、その中に上社への上納金のようなものとか、大祝や五官（5人の主要神職）の取前というものがあったに違いない」と推断されていました。

幕府による頭役制度は結局、諏訪社の権威を高め、かつ諏訪社と関係者が潤うことにつながっていたわけです。

祭政一致のその果てに

幕政の中枢にいた諏訪円忠が幕府に働きかけて、上社で頭役制度による花会が行われるようになったのはいいとして、長年対立関係にあった下社は、置いてきぼりになってしまったのでしょうか。

その答えが『画詞』に載っていました。釈迦が亡くなった2月15日に、下社とその神宮寺で釈迦の遺徳を讃え追慕する仏教神事・常楽会（じょうらくえ）を行うとあったのです。

四月八日は上社にて花会あり。両社相対して如来の終始を司る。神前供物や饗応の膳などは左右の頭人の経営である。このほか大小の神事は春祭りのほか七十余日あり、両社同じ日に同じ祭りを行う。この常楽会は時節が不同なので、別にこれを記す。

（『諏方大明神画詞』より要約）

釈迦の誕生を祝う祭りを上社で、死を追慕する祭りを下社でと、分担してセットで行ったのでした。不仲とはいえ、一族が拠って立つ諏訪社の発展のためには、協力したということでしょう。でも、春爛漫の誕生祝いと余寒の追慕のどちらを担当したいかといったら、やっぱり春の誕生祝いでしょう。上社が花会を取り、常楽会を下社の担当にしたら、下社はまた不平不満がたまりそうです。

左右の2頭体制で運営された上社の花会は、室町中期に大発展しました。

長禄2年（1458）から倍の4頭体制になり、祭日が1日増えて、祭り会場が2カ所も増えているのです。中世の上社年間神事記録『年内神事次第旧記』などによると、スケジュールは以下のとおり。

4月7日「宮頭」（円忠時代の右頭）が本宮で舞楽など恒例の儀式を行う。
8日「御堂頭」（円忠時代の左頭）が神宮寺で舞楽など恒例の儀式を行う。
9日「磯並頭(いそなみ)」が磯並社（本宮と前宮の間にある）で、「前宮頭」が前宮で、舞楽など恒例の儀式を行う。

新たに加わった9日に、新設の磯並頭と前宮頭が、それぞれ磯並社と前宮で神事の運営を行うようになりました。当時、磯並社と前宮は上社に付属する摂社のうち最も重要な神社でした。

この頭役倍増は、円忠の子孫・京都諏訪氏と上社本家が連携して、幕府に働きかけた成果でしょうか。権力の中枢と結び付いた京都諏訪氏と、上社本家の巧妙な戦略が見えてくるようです。いずれにしても、頭役倍増は室町幕府が諏訪社を厚く信仰していた証であり、上社が確固たる権威を持っていた証。頭役制度から見たら、室町時代の諏訪信仰は鎌倉時代に勝る隆盛ぶりではありませんか。

その後、花会はさらに「加頭」という新しい頭が加わるようになり、室町中期の寛正６年（１４６５）には加頭が三つも加わる事態に。加頭がなぜ増えたのか。祭りが一層盛大になったのでしょうか。

寛正６年の花会の４頭及び加頭の実態がよくわかる研究が、『県宝守矢文書を読むⅡ』にありました。どの頭役が何にいくら出費したかを、上社の神事を取り仕切っていた神長が事細かに記録した『諏訪御符礼之古書』を参考に、平成18年（２００６）現在の価格に換算したのが以下です。

宮頭　約50万円　＋白布３反
御堂頭　約１２１万円
磯並頭　約55万円
前宮頭　約57万円

加頭　第一　約50万円　＋神鷹・神馬
　　　第二　約74万円
　　　第三　約92万円　＋神鷹・神馬
総計　約５００万円

神長官守矢史料館の学芸員・柳川英司さんに、加頭を増やした理由を聞きました。

「あくまでも推測ですが、負担が大きすぎて大変なので、分割負担したということでしょう。それは花会だけではないですね。他の頭役を見ても、時代が後ろにいくにしたがって増えているようです」

確かに加頭の負担分だけでもそれぞれ大変な額ですから、加頭に分割負担してもらわなければ「やってられない！」でしょう。増やすについては、幕府に許可をもらっていたのでしょうか。

「頭役の取りまとめをしていたのは、守護以外考えられないですよね。でも、小笠原をはじめ時の守護にそんなに力があったかどうか。皆がそんなに従うとは思えません。諏訪社と交渉して分割したということではないでしょうか」

となると、諏訪社にそれだけの力があったということか。

それにしても、頭が増えれば順番で回ってくる回数は増えるわけです。鎌倉時代、頭役が回ってくるのは14年に1度のことでしたが、そこに花会の頭役が加わったり、地頭らの領地に多くの変更があったりで、頭役制度はどんどん複雑になっていきました。

> これに伴い、十四年一回勤仕の制も崩れ去り、あるいは十年に一回、あるいは七年に一回というが如く、その勤仕年限が短縮すると共に、その年数も全く区々（まちまち）になってしまったのである。従って奉仕の神役も各郷ごとにこれを異にし、各郷はそれぞれに勤仕例を生じ、それは複雑煩瑣（はんさ）を極むるものであった。
>
> （『伊藤冨雄著作集』第一巻「諏訪御符礼之古書研究」より引用）

神長によって『諏訪御符礼之古書』のような事務記録が残された理由は、この煩雑さゆえでしょうか。頭役による祭りを行う時の参考書であり、頭役が負担金や順番に何か文句を言ってきた時、「先例はこうなっておる」と示す切り札になるからです。

諏訪の諏訪社は、京都で政権の中枢にいた円忠やその子孫の京都諏訪氏と連携し、頭役制度による祭りで隆盛をみました。しかし、いつの間にか頭役は青息吐息、神長は過去の詳細な運営参考書が不可欠な状況に。それでも、頭役の勤仕は戦国時代に入っても、割り当てに工夫を凝らしながらなんとか続けられたというから驚きです。

しかし、江戸時代に入ると新たな頭役制度が定められます。諏訪の祭政にあたってきた諏訪氏が、藩主家と祭祀に専念する大祝家とに分立して祭政分離。諏訪社は諏訪郡に置かれた高島藩のもとに位置付けられ、祭りは諏訪郡の郷村だけで奉仕されることになったのです。

中央政権と結び付いて勢力拡大を図った中世のダイナミックな動きに比べ、諏訪の中で祭祀に専念する近世の、なんとスケールダウンしたことか。古代からの祭政一致に終止符が打たれた時、諏訪社の歴史にも大変革がもたらされたのだと納得しました。

3　京都に見た新しい「諏訪」

宗教法人ではない神社

さて、きら星のように有名神社が点在する京都で、御射山町以外にも頑張っている諏訪神社はあるのか。

地図を広げて、京都駅から烏丸（からすま）通を北へたどっていくと、烏丸通から一筋西、東本願寺の広大な境内が切れた所から烏丸通と並行して延びている「諏訪町（すわんちょう）通」が見つかります。この通りを挟んで、下諏訪町（しもすわんちょう）・横諏訪町・上諏訪町…と、京都駅の近くになんと諏訪がいっぱいありました。

これはいったいどうしたことか。『京都地名語源辞典』によると、諏訪町通は天正18年（1590）、豊臣秀吉の京都改造計画によって開通した通りでした。諏訪町通を挟んで広がる下・横・上の諏訪町も、秀吉の京都改造後に新しく開かれた町で、通り名や町名の諏訪は、この通り沿いに諏訪神社があることによるというではありませんか。

新旧の町家やビルが建ち並ぶ静かな小路の諏訪町通を、胸をときめかせながら歩いていくと、町家に溶け込むように板塀がつながった鳥居が立っています。のぞき込むと、三方を隣家に囲まれた狭い境内の奥に、小さなお社が鎮座しています。清々しく手入れが行き届き、大切に守られているのは伝わってきますが、これが通り名や町名の由来になった神社でいいのかどうか。

表の板塀に京都市による案内板が掲げられていて、「延暦（えんりゃく）十六年（７９７）、桓武（かんむ）天皇より蝦夷（えみし）平定のため征夷大将軍を拝命した坂上田村麻呂は、かねてより信州の諏訪大明神を深く信仰しており、そのおかげで戦果を挙げ、延暦二十年（８０１）、平安京に凱旋（がいせん）した。社伝によれば、その御礼のため、五条坊門（ぼうもん）の南に社殿を造営し、信州より諏訪大明神の分霊を勧請し祀ったのが創始である」との由緒が書かれていました。

諏訪明神を信仰していた田村麻呂が、戦勝のお礼に創建したと、京の都で堂々とうたっています。そこでかねてからの疑問がむくむくと頭をもたげてきました。だとしたら、都の武官の田村麻呂は、いつ、どこで、諏訪明神を知ったのかです。

諏訪大社の由緒も、田村麻呂との縁を高らかにうたっていますが、田村麻呂と諏訪明神を結び付ける正史の記録はありません。

根拠を探る細い糸は、諏訪社を拠り所とした豪族の金刺(かなさし)氏が古くから朝廷と関わりを持っていたことでしょうか。そもそも金刺氏は、６世紀中ごろ欽明(きんめい)天皇の磯城嶋金刺宮(しきしまのかなさしのみや)に舎人(とねり)（天皇や皇族に仕え、警護や雑用に従事）として出仕したことから金刺を名乗るようになったという一族です。

田村麻呂の蝦夷征討から約60年後、朝廷で編さんされた国史『三代実録』の貞観(じょうがん)５年（８６３）９月５日条に「信濃国諏訪郡の人で右近衛将監(うこんえのしょうげん)正六位上の金刺舎人貞長に大朝臣(おおあそん)の姓を賜う」と出てきます。諏訪郡の人・金刺貞長が、京都で天皇を守る近衛の武官を務めていました。ということは貞長ではないにしても、金刺一族の誰かが田村麻呂と接触があったり、蝦夷征討に従軍して、諏訪明神の神威をアピールして信仰を勧めたのでしょうか。とはいうものの、このくらいでは田村麻呂と諏訪明神を結び付ける根拠にはなり得ません。わたくしの印象では、何かにつけておっとりしている金刺氏が、「東国第一の軍神」と都で知られるほど大言していたとは、いまひとつうなずきかねるというのが正直なところ…。

京都市による案内板の続きには、京都に分社されて以来、荒廃するたびに源義経や足利義満、徳川幕府などによって復興されたともありました。

鳥居を挟んだ板塀には社務所による由緒書も掲げてあって、そこには祭神として「諏訪大明神」と「健御名方神（以下タケミナカタ）」が並んで記されています。長野で仕事中の編集者Nさんにメールすると、即座に「大明神とタケミナカタをあえて別にしているんですかね」と返信が来て心強くなったわたくしは、取材先探しを開始。わざわざ並記しているのは、「タケミナカタだけが諏訪の神さまではありません。風や水・戦・狩猟などの神さまもひとまとめにした諏訪大明神を忘れるわけにいきません」といったこだわりでしょうか。勇んで境内の由緒書に記された連絡先へ電話してみても、呼び出し音が続くだけ。小さな社務所もありますが、人が詰めているとも思えません。となると、祭りの時には必ずいるだろう関係者を捕まえて話を聞くしかありません。年中祭事に「六月三十日　夏越の大祓（なごしのおおはらえ）」とあったので、改めて出かけてみることに。

夏越の大祓は、半年分の穢れを落とし、残り半年の息災を祈願する祭りです。

さて当日。そこには身を祓い清めるためにくぐる茅の輪があるはずなのに、境内に茅の輪もなければ祭りの気配もなく、通りにも人っ子一人見当たりません。祭りの情報が昔のものだったのかと途方に暮れていると、隣家から人が出てきたので聞いてみたら、「私はわからないから、この先の角を曲がった所にある和菓子屋さんで聞いてみて」。

和菓子屋さんは、祭りの時にお菓子を納めたりするので、神社の情報通のはず。ちょうど京都では6月30日に水無月（みなづき）というお菓子を食べる習慣があり、水無月を買いながら聞いてみると、「毎朝神社の掃除をしている鈴木さんが詳しい」と、親切に鈴木禎昭さんの家を教えてくれました。いきなりお宅訪問かとひるみましたが、思い切って鈴木家を訪ねると、「私は諏訪神社の代表としてお預かりしています。定年退職してから10年以上、毎朝1時間ほどお掃除をさせていただいているんです」と話してくれました。どうりで境内が清々しく、大切にされている感じがあふれていたわけです。祭神の並記問題については、「誰が書いたのかな。ずっと昔からで根拠はようわからんです」。

諏訪町通りの諏訪神社の現状を聞くと、「平成7年（１９９５）に宮司さんが亡くなってから荒廃が進んでしまったので、平成20年（２００８）に宗教法人を解散して、京都市内初のケースとして下諏訪町内会が所有を引き継ぎ、社名の頭に学区名の尚徳（しょうとく）を付けた『尚徳諏訪神社』として、地域の者でお守りしています。お祭りの時は、近く

大
諏訪神社由緒
祭神
諏訪大明神
健御名方神
2神は別なの？
??
最新版
図解入り
京都マップ
ふさこ

の文子天満宮の宮司さんに来ていただいています」。地域の諏訪神社になっての一番の特色は、秋祭りに子供神輿が学区内を巡行していること。社務所の掲示板に、町内会の所有となって以降の神社に関する新聞記事が貼ってあると聞いたので、再び神社へ行ってみました。

・平成20年9月18日「学区名を付け新生　尚徳諏訪神社　門出祝う大祭　こども神輿初めて練る」
・平成21年8月29日「社殿改修　末永く　秋の大祭で完成披露」
・平成22年3月18日「市が観光案内札設置　住民ら〝頑張り報われた〟」

町内会で守っていこうという熱意が伝わってきます。

2年後の令和4年、鈴木さんが毎朝掃除をしていると言っていた時間に神社へ行くと、違う人が掃除をしていました。声を掛けると「鈴木さんがご高齢になられたので、今は週3、4回交代で掃除をしてお守りしています」。21世紀になってさえ「地域で神社を守る」という意識が残っていることに感心するとともに、本来は氏族が祀る「氏神」が、自分の住む地域の神の意味で使われ、自らを「氏子」とするようになった変化が、改めて腑に落ちました。氏族という一族のつながりよりも、土地や地域とのつながりがいかに強くなって受け継がれてきたことか。

京都にも上社と下社があった

さらに京都の諏訪神社探しを続けました。

東本願寺の北側に「諏訪」があるなら、西本願寺の近くにもあるのでは…と地図を眺めていたら、西本願寺系の龍谷大学付属平安高校・中学の西側に「諏訪開町（すわびらきちょう）」を発見です。案の定、そこに諏訪神社がありました。

興味津々で七条通から路地に折れて進んでいくと、さっぱり神社が見つからないまま、次の正面通（しょうめんどおり）に出てしまいました。引き返してもう一度注意深く探すと、ありました。平安高校・中学の体育館の隣の駐車場の奥、フェンスの向こうに社殿がこちらを向いて建っていて、後ろには御神木もそびえています。

　神社の在りかはわかっても、正面がフェンスでふさがれているのでたどり着けません。神社の後ろには、西本願寺の職員住宅のビルがそびえていて、西本願寺勢力の真っただ中にいる感じです。

　とにかく行ってみようと、神社の方向に向かう近くの路地に入ってみたら、突き当たりに「七不思議　諏訪神社　参道」と記された古い看板が立っていて、矢印がついています。「七不思議って何だろう」と思いながら矢印の先を見ると、建物が建っていて行き止まり。それが社務所で、手前の路地を右に折れて少し進んだ左手に鳥居が立っていました。鳥居の先はすぐに社殿の横側に突き当たり、狭い境内を回り込んで、ようやく正面に到着。たどり着くまでいかに大変だったか、長野のNさんに綿々と訴えるメールを送信。

　お参りした後、社殿の裏側に行ってみると、社殿と背中合わせに小祠があって、蛙に乗った神像やしめ縄のかかった陶器製の蛙、蛙、蛙…。もしや看板にあった七不思議とは、諏訪の七不思議の一つ、蛙狩（かわずがり）神事と関係があるのか。上社の蛙狩神事は、毎年正月元旦の朝、上社本宮脇の御手洗川（みたらしがわ）で蛙を捕らえ、弓矢で射て神前に供える神事です。

どんな年でも蛙が捕れ、「諏訪の七不思議」の一つとされているのです。俄然興味がわいて、社務所の張り紙にあった電話番号に連絡を入れ、事務局で話を聞くことに。事務局を訪ねる前に情報収拾をすると、『諏訪信仰史』に京都駅近くの二つの諏訪神社について、次のように書かれていました。

下京区の下諏訪町に坂上田村麻呂建立と伝える諏訪神社がある。この伝承が事実か否かは不明であるが、この神社が下社の系統であることははっきりしており、（中略）そして同じく下京区諏訪開町の諏訪神社を上社として、対となっていることを今も神官が自覚し…（後略）。（『諏訪信仰史』より引用）

京都駅近くの二つの諏訪神社は、上社と下社の関係がある⁉ これはますます面白くなってきました。

事務局で長老役員の井越保（いこしたもつ）さんに話を聞くと、諏訪開町の諏訪神社の歴史を語るには、まずは下諏訪町の諏訪神社から話さないと始まらないということで、図らずも下諏訪町の諏訪神社の話も聞くことに。

「京都の諏訪さんは、下諏訪町に出来たのが始めです。江戸時代の初めには、六条の近く（東本願寺の北側、諏訪神社の近く）に遊廓があったので、花街の人らが諏訪さんを信仰していました。それが、寛永18年（1641）に遊廓が六条から朱雀野（しゅじゃかの）（通称島原）に移ったことによって、花街の人らが信州の諏訪の本社へお願いして、田んぼの中の小高い丘に元々あった祠に分霊してお祀りしたのが、ここの諏訪神社の始まりです」

花街の信者が、移転先の近くに新たに分社を作ったということは、田村麻呂の建立と伝える下諏訪町の諏訪神社は、古い時代から金刺氏が関係し、平安末期に平家の家来となって京にいた下社大祝の金刺盛澄の息もかかっていた下社系で、諏訪開町の方は新たに分社を造るのに、当時の状況などにより上社から分霊をいただいたということでしょうか。

花街の信者が島原へ移転した頃の下諏訪町の諏訪神社の様子が、寛文5年（1665）に刊行された京都の地誌『京雀（きょうすずめ）』に書かれていました。

そのかみ六条に傾城町（けいせいまち）のありし時は、此明神へけいせいどものまいりてわが身の事思ひ思ひの願たてなんどし、絵馬かけとうみやうまいらせてにぎははしかりけるを、今はけいせいやどもはみな島原に引うつされしかば、までおがむ人もまれにして、神さびわたり物すごき宮居となれり。

（『京雀』より引用）

諏訪明神は遊女の信仰を集め、遊女が島原へ移ってしまった後の寂れっぷりが目に浮かぶようです。

その後、社殿の復興は度々行われ、五代将軍徳川綱吉の頃には境内で社殿復興の大相撲が催されたと伝わります。さらに江戸後期刊行の『都名所図会（ずえ）』にも「獣肉を喰ふもの、此の社の神箸をうけて食す。汚穢（おわい）なしとぞ」とあって、肉食しても穢れがないとする神箸を配って信仰ニーズをつかんでいたことがわかります。何ともたくましい。

次は「七不思議」の蛙です。

上社系と下社系についての記事があった『諏訪信仰史』に「陶器製の蛙を境内に据え

て、その特殊神事としての蛙狩神事を形ばかりおこなっている」とありました。昭和57年（１９８２）発行ですから、約40年前の話。つまり、上社系という諏訪開町の諏訪神社では、かつて蛙狩神事を行っていたのでしょうか。

長老役員の井越さんによると、先々代の木藤鶴雄宮司が諏訪の七不思議の蛙狩神事の「かえる」という言葉にかけて、「七開運かえる」ということで、「お金かえる、失せ物かえる、若かえる、よみがえる、無事かえる、健康かえる、福かえる」の七つを挙げて独自の神事を始めたといいます。「宮司さんが上社にうかがって相談したら、『京都の諏訪開町の諏訪神社としてされたらいかがですか』と言われたと聞きました」。

残念ながら井越さんはどのような神事をしていたかは知らず、『諏訪信仰史』の記事から10年ほど後の様子が諏訪在住の郷土史家、原直正さんによる『龍蛇神』に載っていて、「現在この神事は行われていない。ここでの蛙狩神事は、高齢の信者の記憶では『手作りの的を立てて、信者が弓矢で的を射て、命中した箇所により、宮司がその信者に種々説明されていた』というものであった」とありました。

境内の蛙は、神事が途絶えた後もそのまま、蛙の神さまとして大事にされているのです。

「大変熱心に神事をして、信仰を広げた」という木藤宮司が、「諏訪明神神事」として年間行事を書いた古い黒板が残っていました。

いつのものかわかりませんが、1月15日「蛙神事」、2月15日「当社七不思議　筒粥（つつがゆ）神事」とあるではありませんか。諏訪の七不思議の筒粥神事は、毎年1月14日夜から15日朝にかけて、大釜に米と小豆、葦（あし）の筒を入れて炊き、筒の中に入った粥の状態でその年の農作物の豊凶を占うもの。かつては上社でも行っていましたが、現在は下社春宮でのみ行っています。独自に二つも七不思議につながる神事を行っていたことに驚きました。

さらに、平成10年（1998）まで宮司を務めていたという木藤宮司が「諏訪明神神事」と書いていたことに目が留まりました。千年の都の宮司は、明治になって主祭神がタケミナカタとされた後も、さまざまな神格を含み、長い歴史を持つ諏訪明神にこだわりがあったのでしょうか。

諏訪開町の諏訪神社では木藤宮司の後、神社の維持に努力が続きます。

木藤宮司の後は地域の人たちでお守りしようと、有志4人が平成15年（2003）に神職の資格を取得。その後、体調を崩したり亡くなったりで、現在残っているのは竹内利勝宮司のみ、と話を聞いたのが令和2年。

そこで白羽の矢が立ったのが、有志4人のうちの息子さんの1人、川端康夫さんです。

「ある時、竹内宮司さんから次の宮司への誘いを受けました。まさに『寝耳に水』の話。入院中の母に相談したところ、その時に限って補聴器も必要なく聞き取り、『せっかくの事なので資格を取りなさい』とはっきりとした口調で言いましたので、大変驚き、本当に不思議なことでした」

バトンを渡した竹内宮司は亡くなり、川端さんは令和4年に宮司に就任。

「今、このようなことをしているとは驚きです（笑）。地域の世話人の方々や参拝の皆さんとの多くのご縁ができたのはありがたいことです。お参りに来ていただく方がおられる限り、やはり続けないと。代々ご近所の人が関わって神社をもり立ててもらっていますから、何とか次の世の人にバトンタッチするまで、皆さんと一緒に頑張りたいと思っています」

下社系とされる下諏訪町の諏訪神社と、上社系とされる諏訪開町の諏訪神社。京都駅

がんばって！
ボクも町のために頑張るよ
タケミナカタ
宮司
諏訪神社
がんばって！
私たちにまかせて！
宮司
諏訪神社
宮司
諏訪神社
宮司
諏訪神社
宮司
諏訪神社
がんばって！
皆さんと一緒に頑張ります！
次につなげなければ！
宮司
諏訪神社

近くの諏訪神社は、どちらも地域の人たちの工夫と努力で守り継がれていました。信仰が形を変え、意味を変えながら、それでも地元の神社として大切に守られているのを見ると、やはり地域のつながりの核に神社があるのだと思いました。

COLUMN 7

義理堅い京都諏訪氏

諏訪円忠を始祖とする京都諏訪氏は、室町幕府の奉行人を世襲しました。力による状況変更が次々と起こった過激なこの時代こそ、争いを力で解決するのではなく、証拠の文書を確認し、どちらが正しいか判定を下す裁判機関が必要でした。行政や裁判に関わる奉行人は、時代が下がるほどに力を持っていきます。

まず訴訟制度改革に熱心に取り組んだのは、6代将軍義教（よしのり）でした。当時横行していた訴訟の遅れと不正を正そうと奉行人を重用。当然のお約束として、奉行人の政治的な権限も強まります。でも義教は改革の成果を上げられず、地方の紛争も相次いで、恐怖政治に走ったあげく暗殺されるという残念な結果に。

奉行人がさらに力を持つきっかけになったのは、応仁元年（１４６７）に勃発した応仁の乱。天下を二分した大乱は11年にも及び、結局だれが勝ったかもわからないまま。将軍の権威は失われ、それまで将軍と在京の有力大名の合議で政策が決定されていたのが、大名たちが自分の権益を保持するために下国してしまい、幕府の体制は崩壊と散々に。必然的に将軍の政治を支える存在として、奉行人の重要性が増したのです。

そして10代将軍義材（よしき）の時代になると、過激さがさらに加速します。

まず、明応2年（１４９３）に義材と対立した管領（かんれい）の細川政元（まさもと）によるクーデターで義材は廃位され、11代将軍に義澄（よしずみ）を擁立。京都に幽閉された義材は越中（富山県）へ脱出し、世の中に2人の将軍が並立していたということです。義材は「流れ公方（くぼう）」と呼ばれますが、ちゃんと奉行人が同行しており、ちゃっかり裁判まで行っていました。

当時、京都諏訪氏の本家、諏訪貞通は奉行人にして政務を行う政所のナンバー2でした。長野県立歴史館の村石正行さんによると「貞通とともに奉行人だった弟の諏訪長直（ながなお）が義材の後を追って京都を出奔しています」。ということで、兄は義澄に、弟は義材につくという構図です。

義材が義尹（よしただ）と改名し、苦節の後に将軍復帰すると、弟の長直が突如表舞台に登場し、訴訟を取り扱うように。「京都諏訪氏の嫡流が、貞通流から長直流に移ったことがうかがえます」とは村石さんの解説。その後も将軍が有力臣下によって京都から追い出されたり、和睦してまた京都に帰還したり、かと思えば暗殺されたりの繰り返しです。

そんな難局にあっても、京都諏訪氏は奉行人として活動していました。『戦国期足利将軍家の権力構造』によると、将軍直臣団の名簿に諏訪晴長、諏訪俊郷の名が見えます。共に長直の孫で、嫡流の晴長は政所の要職にありました。

永禄11年（1568）9月、織田信長に擁立された義昭が15代将軍に就任し、政務を開始します。京都諏訪氏も引き続き奉行人を務めていました。諏訪晴長は、室町幕府滅亡直前の少なくとも元亀（げんき）3年（1572）まで奉行人として活動していたようです。義昭期にも幕府奉行人体制は機能し続けていて、室町幕府は最後まで実質的に機能していたことが明らかにされています。

戦国期の室町幕府は、存在感が薄くて機能不全に陥っていた印象ですが、ところがどっこい京都とその周辺地域の紛争は、幕府が裁判をしていました。かつて大名たちの紛争を裁判していた全国政権から、京都辺りの地方権力の一つに成り下がっていましたが。義昭時代の奉行人には諏訪晴長、諏訪俊郷のほか十数名が名を連ねていました。

村石さんが「衰退して奉行人の中から消える家がある中で、京都諏訪氏は幕府に最後まで法曹官僚として仕えた数少ない一族です」というように、諏訪氏のなんと義理堅いことか。そういえば、鎌倉幕府の滅亡時もそうでした。

元亀4年（1573）、信長に対して挙兵した義昭はついに京都から追放されます。が、それでもなお奉行人を伴って逃げ、逃げた先でも裁判をやっていました。ということは、京都諏訪氏も義昭についていったのでしょうか。

再び『戦国期足利将軍家の権力構造』を見ると、義昭についていった奉行衆は4名、京都に残ったことが確認できる奉行衆が2名。諏訪俊郷の名前が京都残留組の中にありました。高齢の晴長はさておき、なぜ諏訪俊郷は京都に残ったのか。

第一に挙げられるのは、所領や権益を守るために、京都を離れるわけにいかなかったということ。京都諏訪氏は、北陸や信濃国に加えて京都近郊にも所領を持っていました。将軍が京都に帰ったら、幕府に復帰しようと思っていたことでしょう。結局、15代将軍義昭は幕府の再興かなわず、室町幕府は終焉を迎えます。

京都残留組が織田権力の京都支配に登用されたことは確認できず、鎌倉幕府から後醍醐政権・室町幕府と政権が変わっても必要とされ続けた従来の奉行人は、ついに必要とされなくなったと考えられます。

室町幕府滅亡後の京都諏訪氏については史料が残っていません。

Special column

お膝元でも独自に進化

1

生島足島神社（いくしまたるしま）
上田市下之郷（しものごう）

現人神（あらひとがみ）の誕生秘話？

生島足島神社の本社（本殿）は池に囲まれた島に建っています。島に渡る橋が2本。参拝の人が渡るコンクリート製の参橋と、立派な屋根が付いた美しい朱塗りの太鼓橋「神橋」です。

毎年11月と4月、本社と池を挟んで向かい合う諏訪神社（摂社）の間で、諏訪の神さまが神橋を渡る御遷（おうつり）神事が行われます。『古事記』の国譲り神話で出雲国を追われた建御名方神（たけみなかたのかみ）が諏訪まで逃げていく途中、上田で先住の生島足島神に米粥（かゆ）を献じて敬意を表したという言い伝えが神事となっているのです。

晩秋の夕闇の中を辛櫃（からびつ）に納められた諏訪神の分霊が本社に渡ると、それから半年間生島足島神に米粥を炊いて献じる神事（御籠（おこもり）祭）が行われます。そして春4月の暮れなずむ中、諏訪神は再び神橋を渡って戻っていきます。

しかしながら、命からがら逃げる途中の冬の間、半年間も悠長に、先住神に奉仕するなんてことがあるのでしょうか。

案の定、伝承文学が専門の静岡文化芸術大

学教授・二本松康宏さんは「神話学でいったら、日本は外来の神の方が絶対に上なんです。外来の建御名方神が、土着の生島神と足島神にお粥を炊いて差し上げるなんてことは、普通に考えて神話的にありえないことです」ときっぱり。映画監督で人類学や民俗学の研究者、北村皆雄さんもこの神事について「諏訪神が客位にあって、本来の土地神に奉仕する意味の行事とはどうしても思われない」と、「古諏訪信仰と生島足島神社」(『古諏訪の祭祀と氏族』所収)に書いていました。

北村さんは、この神事がかつて諏訪の上社前宮で行われていた御室(みむろ)神事と驚くほど似ていると指摘。御室神事とは冬の間、御神体を「御室」に移して行う、命の再生と繁殖の春に向けた祭りです。「御籠祭は、従属した地位にある諏訪神が生島足島神に奉仕するものでも、客位にある諏訪神が本来の土地神に奉仕するものでもなく、(中略)一定の冬の期間、御室に神霊を奉るという他に例をみない諏訪神社の古神事そのものであったのではないか」との結論を出していました。そして、「最初に土地の神『諏訪神』がいて、そこに朝廷の権威に包まれた生島足島神の神威が覆いかぶさってきて、諏訪神は奉仕する立場に追い込まれ、祭りの意味付けもすり替えられたのではないか」というのです。

にわかに心を引かれて調べてみると、なんと生島足島神はこの辺りの土地神ではなく、宮中で祀られていた36神のうちの2神でした。となると、最初にいた土地の神とは諏訪信仰の最古層にいるミシャグジではないのでしょうか。多産や豊穣をもたらす命の源のような霊力、と考えられていて、かつて上社前宮で行われた御室神事での御神体の正体もミシャグジです。

やっぱり、生島足島神社が鎮座する下之郷を含む塩田平の一帯にも、ミシャグジがたくさん祀られていました。茅野市の郷土史家・今井野菊さんの「御社宮司の踏査集成」（『古代諏訪とミシャグジ祭政体の研究』所収）によると、旧塩田町に18カ所ものミシャグジ社が確認されています。生島足島神社近くのミシャグジ社の所在地は「塩田町下之郷小字社宮司」で、生島足島神社内の摂社・諏訪神社のすぐ北の場所こそが小字社宮司だったのです。

生島足島神社で修業した神職の甲田圭吾さんも「当社の祭神2柱には朝廷の力が象徴されていて、生島足島神社は本来は諏訪神社であった」と、「生嶋足嶋神社の特殊神事と諏訪大社との関係」（『上田・小県』102・103号所収）に結論付けていました。

では、一体いつ誰が、上田に宮中神を勧請したのでしょう。

『上田市誌』によると、それは大和政権が地方豪族を支配下に置く体制を築きつつあった6世紀のこと。大和政権によって科野（信濃）国の支配を命じられた国造が、宮中から勧請したと考えられます。

科野国造は、神武天皇の皇子・神八井耳命を祖とする阿蘇氏の系統とされます。史料として使うのは疑問視する声もありますが、『阿蘇家略系図』を見ると、まず欽明天皇の磯城嶋金刺宮を警護するため舎人として出仕した「金弓君」が、金刺舎人直の姓を賜りました。おお、金刺氏の登場です。金弓君の長男の「目古君」は敏達天皇に仕えて他田の姓を、次男の「麻背君」は父と同じ欽明天皇に仕えて金刺姓を与えられ、ここから他田氏系と金刺氏系に分かれ、共に科野国造の家柄として栄えます。

科野国造の本拠地については幾つか説が出されていますが、塩田平が有力な候補地なのは、宮中神を祀る生島足島神社の存在があり、周辺一帯に古地名が残っているから。

平安中期に成立した『和名類聚抄』に、国と下部組織の郡・郷の名が記されていて、小県郡に並ぶ7郷のうち「安宗郷」が塩田平一帯と推定され、科野国造を輩出した阿蘇氏の根拠地・九州の阿蘇に通じる名前です。しかも、安宗郷の隣にあったと推定されるのが「須波郷」で、今でも千曲川を挟んで諏訪部と諏訪形の地名が残っています。上田で生まれ育ったわたくしにとって、諏訪部や諏訪形という地名はおなじみでしたが、まさかそれが古代に国造系の金刺氏や他田氏が繁栄していた名残だったとは、興奮冷めやらず。

『長野県町村誌　第二巻　東信編』（1936年刊）の「本郷」の項にも、あくまでも伝承ですが「本郷村の字『諏訪』に鎮座していた生島足島神と諏訪神を中古、下之郷に遷座した」とありました。またも字名に諏訪。塩田平の中央部を流れる産川の東側に上本郷があり、この辺りがかつての本郷村。現在生島足島神社がある下之郷に対して本郷、上本郷なのでしょう。ちなみに上本郷の隣りに古安曽（こあそ）があります。「上田にこんなに諏訪が！」と叫びたいわたくし。

生島足島神社がある下之郷には、下之郷古墳群と総称される一帯があり、約70基もの古墳があったといいます。眼下に生島足島神社をはじめ塩田平を一望する地に整備された「いにしえの丘古代公園」には、円墳があちらにもこちらにも。

まず目に入ったのが、科野国造系豪族の他田氏に関係するとの言い伝えのある「他田塚古墳」です。直径約18メートル、高さ3〜4メートルという威風堂々の円墳で、昭和47年（1972）の発掘調査で、石室から馬具や直刀などの武器、メノウやガラス製の装身具など豊富な副葬品が発見されています。すぐ隣に「塚穴原（つかあなはら）第1号古墳」という直径約21メートル、高さ約3メートルの巨大な円墳があって、こちらは内部に全長約7メートルに及ぶ石室がある塩田平で最大の円墳です。昭和50年（1975）の発掘調査で見事な装身具や馬具・武器・土器なども出土。6世紀後半にこの地方の有力豪族とその家族が埋葬されたとみられています。生島足島神社の東側だけでも50基近くの古墳が確認されていて、宮中神の生島足島神を勧請した国造系の豪族が繁栄していたことを実感できました。

改めて『阿蘇家略系図』を見ると、金刺の姓を与えられた麻背君が科野国造になったこと、そして金刺の麻背君の長男の倉足が「諏訪評督」に、次男の乙頴が「諏訪大神大祝」になったと記されていました。

評督というのは、中央から派遣された国司の下に置かれた評という行政区画の長官のことです。科野国造の金刺氏から、諏訪地方の行政長官と諏訪社大祝が任命されたとなると、わたくしにとっては晴天の霹靂。大祝は諏訪明神の神孫ではなかったの？

一般には、外来の諏訪明神が神孫の8歳に御衣を脱ぎ着せ「お前が私の体だ」と言って、大祝＝現人神に指名したというストーリーが受け入れられています。これは『古事記』の国譲り神話に出てくる建御名方神の諏訪鎮座を踏まえた考え方。一方の『阿蘇家略系図』では、御名方富命大神が8歳の乙頴に「お前が私の体だ」と言って、大祝＝現人神に指名しているのです。御名方富命の「御名」は「水」、「方」は「潟」を意味するので、諏訪湖の水神が金刺氏の乙頴を大祝指名したと受け取れます。とすると諏訪明神は諏訪に根ざした土地神だったということに。

いやはや、現人神の大祝に指名されたのは、国造系の金刺氏か、諏訪明神の神孫だったのか。そして指名したのは、土地神なのか外来神だったのか—。

『諏訪市史』の「大化前の国造制が評制度に転換した時期に、その一族の中から諏訪社の大祝が分岐したことを物語っている」「諏訪神社が七世紀に守屋山麓に社壇を構え、金刺舎人直氏の一族を大祝にむかえ、有力神社に成長し、ついに持統朝に勅祭をうけるまでになった、とするのが史実に近いものといえよう」が、いろいろな意味に読めてしまうようになりました。

諏訪神と宮中神との共存

平安中期に編集された『延喜式』の神名帳によると、「生島足島神社　二座」は名神大社に列せられる名社です。ちなみに信濃国内の名神大社は7座で、諏訪大社も「南方刀美神社　二座」としてもちろん入っています。ところがその後、生島足島神社の名前が史料からふっつりと消滅。平安時代の名社は一体どこへ。

時代が一気に下って戦国時代。東信濃を勢力下に収めた武田信玄が天文22年（1553）、当社に寄せた安堵状に「下之郷上下宮」として登場。永禄2年（1559）の信玄の願文には「下郷諏訪法性大明神」と書かれています。格式ある延喜式内社・生島足島神社の名前が消えて、代わりに下之郷上下宮と諏訪明神が出てきました。信玄は軍神として知られていた諏訪明神を信仰していましたし、戦勝祈願をするなら宮中神より軍神でしょうが、これは一体…。

信玄は永禄9年（１５６６）と同10年、配下の武将たちに忠誠を誓わせた起請文を当社に奉納します。今に伝わる83通の起請文に、誓いをする神として名を挙げられている最多が八幡大菩薩（80通）、次が諏訪上下大明神と甲州一二三大明神（77通の同数）。そして生島足島神でなく下之郷上下大明神（2通）だと「生島足島神社の御柱祭に関する歴史的考察」（『諏訪系神社の御柱祭』所収）にあります。この起請文は、江戸時代の延宝9年（１６８１）に本社を修繕している時に発見されたので、やはりここに諏訪明神を祀る上社と下社があったのは間違いありません。

この神社が下之郷上下宮とか諏訪明神と呼ばれるようになったのはいつか。

平安中期の10世紀初め頃は、延喜式内社には国司が神前に供える供物を用意し、社の造営や修理も国の税物を当てていました。鎌倉時代になって武士が守護・地頭になると、地頭が荘園や公領の年貢徴収権を持つようになって、神社の維持や造営にも地頭が力を振るい始めます。源頼朝はじめ執権北条氏は諏訪明神に厚い信仰を寄せていたので、武士たちの間にも諏訪信仰が広がります。そこへ北条氏の重役のひとり北条義政（よしまさ）が建治（けんじ）3年（１２７７）、突然出家して所領の塩田荘に引きこもります。義政を初代とする塩田北条氏は鎌倉幕府滅亡まで3代60年続き、塩田荘の地頭を務めます。北条氏が塩田荘で諏訪明神に祈りを捧げないわけがありません。

信濃国の地頭・御家人は、諏訪社の五月会（さつきえ）と御射山会（みさやまえ）という狩猟神事の奉仕当番を交代で勤めて、莫大な費用を負担し祭りの運営に当たっていました。北条一族の金沢貞顕（かねさわさだあき）は、「諏訪社御射山会の奉仕当番」を理由に鎌倉から塩田に帰っていった塩田北条氏の国時に対し、「大変な祭り当番を何度も勤めているのは深く信じているからだろうか」と、その信心深さへの驚きを書き残しています。

次は江戸中期。宝永3年（１７０６）に作成された『上田藩村明細帳』の下之郷にも、生島足島神社の名はなく「諏訪大明神　上ノ本社」「諏訪大明神　下ノ本社」とありました。それから20年後の享保11年（１７２６）に年中行事を記した『当社年中行事外ニ覚書』には「正月三日、鹿形の的を神職や社僧たちが順番に射た後、ウツギ製の弓で蛙を射る蛙狩（かわずがり）神事をした（要約）」という諏訪社らしい神事の記述が見つかります。

ここで気になったのが「祝神主」とか「五官」という神職名で、明治になるまでの諏訪社と同じ。『上田市史』（１９４０年刊）の生島足島神社の項に、「昔時此社に奉仕した、社家社寺は頗る多く、社家社人としては大祝工藤某。大神主工藤某。五官宮下某、工藤某、清水某、小山某」と、トップの大祝と5人の主要神職、五官がいたことが裏付けられました。

「生島足島神社」が再度登場するのは江戸後期です。『上田市史』に「此社は、藩政時代の寛政以前の頃は、唯下之郷明神とのみ呼んで居たのであるが、寛政十一年（1799）正月十九日、京都吉田家より、生島足島神社の旧号に復する許可を得て、茲に生島足島神社と称する事となった」とありました。京都の吉田家は、全国の神社・神職のまとめ役である本所を務めていた公家。その吉田家に「旧号に復すること」を許可されたということは、下之郷明神とか諏訪大明神と呼ばれているけれど、もとは『延喜式』の神名帳に記載された格式高い神社だったとお墨付きを得たわけです。かつての延喜式内社・生島足島神社＝下之郷の諏訪明神かははっきりしませんが、国学が盛んだった当時、諏訪系神社より宮中神の延喜式内社の方が断然ありがたい時代になったと見ることができます。

塩田平の信仰の歴史を振り返ると、古代に国造が生島足島神を勧請して名神大社となるも勢力が衰え、中世になると諏訪神社の勢力が増大。その諏訪神社が江戸後期に吉田家の許状で生島足島神社に認定された、という流れでしょうか。

結果、諏訪神が生島足島神に奉仕するという新たな神話が生み出され、朝廷の力を象徴する生島足島神を祀る本社（上宮）に対して、諏訪神を祀る諏訪神社（下宮）が向かい合う形となったのです。

諏訪神が奉仕するという位置付けは、生島足島神社で行われる御柱祭にも現れていて「建御名方富命が生島足島神に御柱を奉る祭り」と説明されています。

生島足島神社では、今も蛙狩神事が行われています。現在は1月15日13時からというので、行ってみました。

時間きっかり、神職や神事に参列する総代さんたちが一列になって人の渡る参橋を通り、まず本社で幾つかの神事を粛々と行ってから、諏訪の神さまが渡る「神橋」の上でお待ちかねの蛙狩神事です。弓矢を手にした宮司が神橋の真ん中に立ち、氷の張った池に向けて右側と左側それぞれ2本ずつ矢を放ち、その後弓も池に投げ入れていました。

これは「宮司が御神橋の上よりウツギで奉製した弓にて御神池内へ矢を放ち、稲作りで悪さをするといわれる蛙を追い払います。（それ故、生島足島神社の境内には蛙がいないと言われています）」（「生島足島神社便り」54号より引用）とのこと。蛙がどういう悪さをするかはわかりませんが、年始めの豊作祈願の位置付けです。

諏訪神と宮中神・生島足島神が共存する形で、独特の神事が進化している生島足島神社。まさか、わたくしの故郷でこれほどまでの独自進化を目の当たりにするとは、灯台下暗しとはこのことです。

生島足島神社の神紋は、勾玉（まがたま）が渦を巻いているような「右巴（みぎどもえ）」と「左巴（ひだりどもえ）」の真ん中に「梶（かじ）の葉」の紋が収まって、その歴史を伝えていました。

2

新海三社神社（しんかいさんしゃ）　佐久市田口

ミシャグジと古墳と薙鎌（なぎがま）は欠かせない？

　大鳥居から長々と続く参道は、途中からスギ林の中に樹齢数百年のケヤキの巨木がそびえる森厳な道となり、清らかな静寂に包まれます。古城のような石垣の上には神さびた御神木が左右にそびえ、山へと続く森を背に社殿が点在しています。またもや複雑な歴史が絡んでいる予感。八ヶ岳を挟んで諏訪に向き合う地にあるこの神社には、どんな信仰の地層が重なっているのでしょうか。

　建御名方命（以下タケミナカタ）を祀る中本社は、拝殿の真後ろにあります。でもタケミナカタは主神ではありません。中本社に隣接する西本社にはタケミナカタの兄神・事代主命（ことしろぬし）（以下コトシロヌシ）と、八幡神（はちまんしん）として知られる誉田別命（ほんだわけ）（以下ホンダワケ）を祀り、主神は右手の少し離れた所にポツンとある東本社に祀られている興波岐命（おきはぎ）（以下オキハギ）なのです。オキハギはタケミナカタの御子神です。この不自然な配置と主神の理由は何か。

　宮司の井出行則さんによると、江戸時代まで は中本社のタケミナカタと西本社の2柱で三社という認識だったそうです。江戸時代の絵図で東本社がある場所を見ると、本地堂（ほんじどう）が建っています。これは神仏習合思想のもと、神の本来の姿（本地）とされる本地仏を祀るお堂のこと。もともと普賢菩薩（タケミナカタ）・千手観音（コトシロヌシ）・阿弥陀如来（ホンダワケ）の3仏が祀られていたのが、明治初年の神仏分離令で本地堂が取り払われ、神楽殿の前にあった「大家社（おやしゃ）」を移築したのが現在の東本社（国重要文化財）なのだそうです。だから中本社・西本社と雰囲気が全く違うのですね。

明治3年（１８７０）の田野口村『神社取調書上帳』を見ると、新海三社神社の横に「同社　大家社」とありました。大家社の祭神はオキハギで、「地主御神（じぬし）」となっています。この時点ではオキハギは新海三社神社の祭神ではありませんでした。ところが、明治35年（１９０２）の『郷社新海三社神社御由緒調査書』では新海三社神社の祭神トップがオキハギになり、従来の3神が続いています。その由緒がなんと「神代の昔、オキハギは父神を補佐して信濃国を造り、最後に佐久地方の洪水を治めて沃土を広め、大県（おおあがた）となし、悠久に当社に鎮座し給う。古老の伝説にオキハギは御佐久知神（みさぐちのかみ）なり（要約）」。最後の1行に目が釘付けです。オキハギはミサグチですって？　そういえば、諏訪では「土地神ミシャグジは諏訪明神の王子と一体だ」とする考え方が中世からありました。

オキハギが「佐久郡田野口新海社に座す」と史料で初登場するのは、安政4年（1857）に著された『諏訪旧蹟誌』。幕末には土地神ミシャグジ＝御子神オキハギとの認識で、明治の大変革期に、土地神ミシャグジと一体の御子神オキハギが主神に躍り出て、新たな神話が作られたということでしょうか。新海三社神社が守り伝えてきた古い信仰を、ここ一番という時に出したのか。それはつまり、佐久のこの地に土地神ミシャグジ信仰があったということです。

新海三社神社の社殿後ろに続く山裾の森の中に、直径10メートル前後の円墳が点在しています。

最初に目に入るのは、斜面に前後してある2基の円墳。未盗掘だった手前の円墳からは大刀や小刀などの武具や、水晶やメノウ製の勾玉（まがたま）、ガラス玉などの装身具が出土しました。双子のような2基の円墳から左手奥にもう1基。沢を隔てた山裾にもう1基。境内だけで古墳が4基あり、いずれも古墳時代終末期の6世紀末〜7世紀初めの築造と推定されます。当時の佐久平の豪族は、科野国造（しなののくにのみやつこ）系の他田（おさだ）氏がいたと推測されますが、『臼田町誌』は「史料がないのでよくわからない」。

神社のある田口地区には現在30基ほどの古墳があるようです。『新海三社神社と上宮寺（じょうぐうじ）』によると「すでに壊されてしまったものも多くありますから、以前はもっとあったのです。(中略)この地の古墳は新海神社のものでした。現在も19基が神社のものです」。以前は神社の所有であったとされる幸神(さいのかみ)古墳群の一つからは、諏訪信仰で重要な神器として使われた鉄鐸(てったく)が出土しました。諏訪大社の上社本宮の宝物殿にある鉄鐸は、上社の筆頭神職・神長(じんちょう)を世襲した守矢氏が伝えたもので、守矢氏こそ諏訪信仰の最古層にいる土地神・ミシャグジを取り扱える唯一の祭祀者とされています。

そもそもミシャグジは、守矢氏の祖であるモリヤ神に取り仕切られていて、そこへ諏訪明神(タケミナカタ)がやって来て覇権を巡る争いが勃発。敗れたモリヤ神が新体制に組み込まれ、子孫の守矢氏がミシャグジ担当としてミシャグジ祭祀を引き継いだと考えられています。

そんな守矢氏が伝えてきた鉄鐸が、ここで出土しているということは…。井出宮司は「ここの主神は、元は諏訪にいたけれど、追い出されて来たのではないかとも考えられます。諏訪からここへ来る道筋に、新海神社を祀った所がけっこうあるんです。長和町に1カ所、佐久市の春日、今井、取出(とりで)にも」。敗れたモリヤ神の一派が逃げてきたのか?

もう一つ注目される古墳が、かつて神社の所有だった五庵(ごあん)古墳です。境内の古墳とも築造時期が重なり、しかも諏訪信仰を象徴する「薙鎌」が出土しているのです。薙鎌は、蛇とも竜とも鳥の頭とも見える形に口と目があり、背中に刻み目があるのが特徴の金具です。薙鎌が出土したということは、古墳時代から諏訪信仰の影響があったと推測されます。諏訪と同様、ミシャグジの上に諏訪明神が重なって、信仰を集めていったのでしょうか。

薙鎌といえば、新海三社神社の秋祭り「御射山祭（みさやまさい）」は、この薙鎌を御神体として用いています。行ってみて驚きました。東本社の中から井出宮司に抱かれて姿を現した御神体はなんと、鳥の頭のような薙鎌がピンク色の十二単（じゅうにひとえ）をまとっていたからです。麻製の十二単は30年くらい前に新調したもので、宮司の純白の狩衣（かりぎぬ）に抱かれるピンク色が映えることといったら。

祭りの一行は森の中に入り、山の一本道を太鼓を打ち鳴らしながら御射山社に向かいます。2キロ弱、30分ほどで巨木の根元に鎮座する石祠の前に到着、御神体を石祠の屋根の上に安置するのですが、宮司が丁寧に十二単の袖や裾を整える手つきが、可愛いお姫様の世話をするがごとし。「御神体の薙鎌には阿吽（あうん）があるんですよ」と教えられて拝見すれば、御神体は薙鎌が3体重なっていて、十二単の襟（えり）から出ている鉄錆（てつさび）色の頭部にそれぞれ目と口があり、口は開いているもの、半開き、閉じているものの3パターン。「3体あるのは3社だからでしょう。この薙鎌は江戸時代のものだと思いますが、御射山祭の御神体がいつから薙鎌になって、いつからなぜ十二単を着ているのか、よくわかりません」。十二単を着ているということは、御神体の薙鎌は女神でしょうか。それもわからないというわけですね。

この御射山祭、『臼田町誌』によると「昔、新海様が家人を連れて、新海神社の東にある御射山で御狩をされた。それで今でも秋祭りには、御神体がお出かけになって祭事を行うのを例としている。これは新海様の御狩の名残といわれている」。井出宮司は現在の御射山祭を「春から里で農耕を見守られた神さまを山へお戻しするという性格が強いと思います」と指摘します。

新海三社神社には、御射山祭の御神体となる3体のほかに、供奉具として鳥頭形の2体と、草刈鎌形の3体の薙鎌があります。薙鎌は諏訪信仰の象徴と言われながらも、その多様さには驚かされます。それぞれの所であり方も解釈も全然違っていました。

一筋縄でいかない諏訪との関係

戦国時代の永禄8年（1565）、武田信玄は上州（群馬県）箕輪（みのわ）城を攻略する際、新海三社神社に「箕輪城が10日以内に攻略できるように」という願文を奉納しました。新海大明神は普賢菩薩が神となって現れたものだとも言っています。新海大明神＝普賢菩薩

＝諏訪明神という認識です。一方、弘治2年（1556）の年号が書かれた文書の写しには「新海三祠大明神」とありました。元々の土地神ミシャグジは大家社で祀られていたのでしょうが、新海神社がいつ頃から諏訪社となり、ホンダワケとコトシロヌシも祀るようになって新海「三社」神社となったのかはわかりません。

社名については疑問も一つ。海から遠く離れた佐久の神社が、なぜ「新海」なのか。祭神トップにオキハギが記された明治35年の『郷社新海三社神社御由緒調査書』には、オキハギを主人公に壮大な由緒が語られていました。

先述した「古老の伝説にオキハギは御佐久知神なり」の続きに、「御佐久知は新佐久神（にいさくのかみ）と称し奉るなり。その故は昔国造りがいまだ終わらない時、この地（佐久郡・小県郡）は水をたたえ満々たる湖沼のみ多かった。父大神がオキハギにその水を治めさせた。オキハギは岩峯（がんぽう）を裂き水を流し地を開き広大な沃土となしてその面目を新たにし、諸々の県（あがた）の中に大県（おおあがた）と佐久地方を称するに至らしめたまう。実に新佐久の御名は新たに地を開き広めたまう御功績を称え奉るなり。後世大県を佐久郡と改めたのも神名より出たるなり（要約）」とありました。

神話と開拓は表裏一体。つまりオキハギが、父タケミナカタの命により佐久地方を開拓したという話です。佐久に海がつく地名が多いのは、平安前期の仁和3年（887）の大地震で八ヶ岳が大きく崩壊し、土石流が千曲川の上流をせき止め、一帯に海のような湖沼群が出現したことによる、との説も思い出させます。佐久地方を開拓した「新開（にいさく）」が「新開（しんかい）」になり、さらに土石流による海のような湖沼群を開いて「新海」という字をあてるようになったとも考えられます。

ところで、新海三社神社の中本社と西本社の間に「御魂代石（みたましろいし）」という石塔があります。御神体とも神の依り代ともいわれる高さ約1・5メートルの石塔で、円筒形の塔身には竜というかタツノオトシゴのような動物が向き合って彫られています。どこか愛らしい姿が、諏訪信仰を象徴する薙鎌に似ていることから、諏訪信仰との関係が指摘されてきました。向き合う竜の間には「延文三年戊三月十二日」と刻まれていて、南北朝時代の1358年に建てられたことがわかります。この御魂代石に耳を当てると、諏訪湖の波音が聞こえると伝わりますが、二重に柵で囲われているので、確かめることはできませんでした。

冬の諏訪湖では、全面結氷した湖面を氷脈が貫く御渡り（みわたり）（御神渡り）がよく知られています。この氷脈が神さまの渡った跡とされ、御渡りの状況を拝観する神事が毎冬行われています。上社側から下社側へと南北に走る大きな氷脈のうち、最初に走った氷脈を「一之御渡り」、二番目を「二之御渡り」、そして、これらと交差する形で新海三社神社のある方向から走る氷脈を「佐久之御渡り」と呼びます。この三筋の確認の仕方は、室町時代からの拝観結果が記されている『当社神幸（じんこう）記』を見ても、ほとんど変わっていません。

『当社神幸記』で最も古い応永4年（1397）の記録を見ると「佐久新海明神は桑原小溝辺りよりお下りになり湖中にて御参会候」とあります。氷脈が交わる様子を神さまが行き会う「御参会」としていて、佐久新海明神が湖中で諏訪明神と会っていると、当時の人たちは受け止めました。

ちょっと脱線しますが、御魂代石が建てられた年の2年前に出来た『諏方大明神画詞』（以下『画詞』）の御渡りの項で、佐久新海明神の冬の諏訪湖出張を見ると、会っている相手が違うのです。佐久の明神が湖中で会っていたのは諏訪明神ではなく岡谷市湊（みなと）小坂に鎮座する小坂鎮守の明神。『当社神幸記』は『画詞』完成後41年経ってからの記録ですが、改めて『当社神幸記』の室町時代の記録を確認してみても「佐久新海明神は〇〇辺りよりお下りになり湖中にて御参会候」とあるばかり。小坂鎮守は一切出てきません。上社の公式見解は、御参会の相手は諏訪明神のみ。不思議です。

『画詞』の編者・諏訪円忠は上社大祝家の分家で、その本籍地（本貫）は岡谷市湊の小坂だとする説を『諏訪市史』は推しています。

小坂円忠ともいう円忠が、オラホの鎮守さまびいきで御渡りに小坂鎮守を結び付けたの…？　御渡りの拝観神事を司っている八劔(やつるぎ)神社の宮坂清宮司に聞いてみると「中世の注進（申告）文書は、『当大明神御渡之事』というタイトルです。諏訪の神さまがお渡りになったということですね。それ以上は言及していません。八劔の御渡帳では、佐久之御渡りは『湖中にて御参会候』とあり、何の神が、とは書いていません」。そして「後世の人が、口頭伝承でさまざまな解釈、認識を新たにするなど、諸説が生まれていったのではないかと思います」とのこと。

　小坂鎮守はさておき、佐久新海明神が諏訪明神とただならぬ関係にあったことは確かで、当時の人たちにとってその理由は言わずもがなのことだったのでしょう。

　史料でわずかにわかるのは、室町時代から戦国時代にかけて、神社のある田口郷と諏訪社の関係です。諏訪社の幾つかの祭りで信濃国中の地頭・御家人が順番に頭役（奉仕当番）を回していた当時、各年の負担の記録である『諏訪御符礼之古書(みふれいのこしょ)』に、田口郷を治めていた田口氏が仰付書(おおせつけしょ)の「御符」を受け、頭役を勤めたことが出てきます。

　田口氏は、武田信玄の佐久郡進攻で天文17年（1548）に滅亡しますが、井出宮司によるとその後も「下社と上社から田口郷に頭役の仰付書が来て、御頭に行っています。天文21年（1552）の下社頭役仰付書と、弘治2年（1556）の上社頭役仰付書が伝わっています」とのこと。戦国の乱世に、しかも上下両社の頭役を勤めていたとは、諏訪社とどんな深い関わりがあったのかと思ってしまいました。

江戸時代になると、諏訪社の祭りは諏訪高島藩内で行うようになるので、佐久と諏訪とのつながりは薄れていきました。現在、佐久では新海の神さまが御渡りに参加していることはあまり知られていません。新海の神さまの冬の諏訪湖出張は今も脈々と続いて、御渡りの拝観式では、一・二・佐久の3筋が認定されて御渡り成立となるのです。

さて――。

諏訪湖とのつながりを伝える御魂代石は、御神体とも神の依り代ともされます。だとしたら、石塔のある場所は境内の要なのではないか。

改めて境内の地図を確認すると、真っ直ぐに延びる参道の延長線上に拝殿・中本社が並び、中本社と西本社の間に御魂代石が鎮座していました。御魂代石から真後ろの一段高い所に、高さ約3メートルの石塔が立っています。「あれはお寺のお経を納めておく経塚です」と井出宮司。明治になるまで境内にあった神社付属の神宮寺の経塚です。諏訪上社の本宮でも、明治になるまで神仏習合時代に造られた幣拝殿の正面奥に、経文を納めた「お鉄塔（てっとう）」が立っていて、上社最高の御神体とされていました。

新海三社神社の経塚も、置かれた位置や姿から上社本宮のお鉄塔と同じ、神仏習合時代の最高の御神体だったと考えられます。「神さまはお経を上げることをとてもお喜びになる」とされていたんだそう。『新海三社神社と上宮寺』にも、「塔の中へ経を納めることはできませんが、以前は周囲に経文の文字の書かれた小石が落ちていました」とあります。その経塚をそのまま残しているのです。

見回せば、右手には美しい三重塔が。田口郷を治めていた豪族の田口氏が永正12年（1515）に建立したとされる三重塔（国重要文化財）は、「新海神社宝庫」という名目でそのままに。神宮寺自体は、近くの下宮代（しもみやしろ）の地に移されて、現在も新海山上宮寺として大切にされています。井出宮司は「場所は移りましたが、仁王門も仁王像も、鐘つき堂も梵鐘も、仏さまも仏具仏画…、全部残っていて上宮寺にあります。よく残してくれたと思います」と話していました。

諏訪の上社と下社にあった神宮寺はすべての堂塔が取り除かれて、仏像などもみんな散逸してしまったのに、新海三社神社ではかつての神仏習合の世界まで垣間見えます。信仰の地層がさらに複雑に重なり合っていて、タイムカプセルを開いているような気持ちになりました。

あとがき

またもや4年かかってしまいました。

4年がかりで完成させた前作『諏訪の神さまが気になるの』を書きながら、歴史の知識と見る目がなさすぎて、的を得た判断も推理もできないことを痛感しました。歴史を学びたい。しかも京都で。

なぜ京都かというと、できれば京都で暮らしたかったのに加えて、前作で室町時代に京都諏訪氏が諏訪信仰の発展に大きな役割を果たしたと知ったにもかかわらず、室町時代がわからなすぎて内容がさっぱり頭に入ってこなかったからです。こうなったら室町幕府のお膝元で、大学の聴講生になって知識を仕入れてこよう。

２０２０年2月、京都に移り住んだのと時を合わせて新型コロナが猛威を振るい、半分はオンライン授業になってしまったけれど、歴史と宗教の講義の面白いことといったらたまりませんでした。夢のような蔵書の大学図書館と府立図書館を駆使し、京都諏訪氏や京都の諏訪神社について新しく知ったことを、うきうきと原稿にして編集者の山崎紀子さんに送ってみると「知識がバクハツしてますねー」と言われる始末です。その傍ら人のいない静かな京都を満喫する1年を過ごしました。

長野に戻り、さあ、とばかりに本書作りに取り掛かりました。前作はひたすら家にこもって古文書をひもときましたが、今度は各地の諏訪の神さま行脚（あんぎゃ）です。「1人じゃ不安」なわたくしと「1人じゃ心配」な山崎さんとで概ね2人の取材旅行となりました。本文中では編集者Nさんで登場です。

並んで宮司さんの話を聞きはじめると、由緒では田村麻呂の勧請と伝えているのに、開口一番「田村麻呂はこの地に来ていないと言われています」と断言されたり、諏訪の史料では死んだはずの大祝が生きていたばかりか子孫までいると聞かされたり。びっくり仰天の話が四方八方から飛んできて、絶句するやら顔を見合わせるやら。

神社の由緒は、実際は関係のない有名人を組み込んだり、盛ったり飾ったりもあるけれど、裏を探って当時の考え方や願いがわかれば納得できます。世の中が変化するのに合わせて、祭神交代で全く新たな神話が作られたり、伝承されているはずの祭りの意味付けさえ変わることもあると知りました。

そして神さまと開拓は表裏一体。湖沼や湿地帯が開拓され、生業を得ることができた民が、その開拓者を神として祀るようになったというのが第一段階。次いで古代朝廷による蝦夷（えみし）対策の屯田兵として越後や東北に派遣された信州人も、諏訪の神さまを連れていって開拓に絡んでいました。

風や水を司っていた諏訪の神さまが、開拓や農業の神になり、さらには漁業や航海守護の神になりと守備範囲を広げ、出雲の国譲り神話と結び付いて建御名方神も仲間入り。はたまた軍神や狩猟神となって各地に連れられていって広まった。しかも、連れていった人たちが絶えても、そこに住んでいる人たちが氏子となって、地域の氏神さまとして祀り、地域の拠り所やつながりの核となって大事にされていることに感動しました。人口減少や高齢化、考え方の多様化、さらには祭りや社殿で貴重な伝統文化を伝えていても、〝政教分離〟で行政の支援が期待できず…と多難な状況でも、宮司さんや地域の人たちが一生懸命守っていこうとしている姿に、諏訪の神さまもホロリとしているのでは。

諏訪の神さま行脚では、うれしい副産物もありました。それは図書館巡りの楽しさを知ったこと。目当ての諏訪神社を知るには、当地の図書館の郷土資料コーナーが欠かせません。山形県川西町の町立図書館には当町出身の作家井上ひさしから寄贈された22万冊を収蔵する遅筆堂(ちひつどう)文庫があって、司書さんの適切・親切な対応ぶりにも目を見張りました。青森駅の近く、青森市民図書館が入る真っ赤な建物には「東北最大級！　新鮮市場」の大看板が上がっていて、地下の新鮮市場にダッシュするも夕方4時過ぎ、既にほとんどの商品が売り切れていて、涙をのんだことも。

最後の現地取材は2023年12月の鎌倉。取材後、若宮大路の北端にある鶴岡八幡宮に行きたいわたくしと、南端に広がる由比が浜に行きたい山崎さん、2人の希望を共にかなえてヘトヘトになったのも今となっては懐かしいです。

コロナ禍に始まり、能登半島地震の被害に胸を痛めながら終わる今回の本作り。手探りで進んでみれば、またもや4本の御柱のように四つの章が出来上がりました。

貴重な時間を割いてお話をしてくださった宮司の皆様、関係各所の皆様に心より御礼申し上げます。前作に続いて飛び切りの装丁とイラストを担当してくださった中沢定幸さん、ありがとうございました。

都合8年、楽しい取材とセットで辛抱強く面倒を見てくださった編集者山崎さんに、熱く感謝しながら筆をおきます。

令和6年春

北沢　房子

参考文献

『吾妻鏡』（吉川弘文館）
『現代語訳　吾妻鏡』（吉川弘文館）
『全譯吾妻鏡』（新人物往来社）
『出雲崎町史』（出雲崎町）
『出雲国風土記』日本古典文学全集（小学館）
『出雲を原郷とする人たち』岡本雅享（藤原書店）
『伊藤冨雄著作集』伊藤冨雄（永井出版企画）
『いにしえの里　小谷』杉本好文（信毎書籍出版センター）
『上田市誌』（上田市）
『上田市史』１９４０年刊（上田市）
『上田・小県１０２・１０３号』（小県上田教育会）
『鵜様道中』道端弘子
『臼田町誌』（臼田町誌刊行会）
『越境する出雲学』岡本雅享（筑摩書房）
『蝦夷と東北戦争』鈴木拓也（吉川弘文館）
『延喜式』（吉川弘文館）
『小谷村誌』（小谷村）
『街道をゆく　羽州街道』司馬遼太郎（朝日新聞社）
『加賀・能登の民俗』小倉学（瑞木書房）

『柏崎市史』（柏崎市）
『角川日本地名大辞典26京都府上巻』（角川書店）
『鎌倉御成町いまむかし』鎌倉御成町いまむかし編集委員会編（冬花社）
『鎌倉教育史』（鎌倉市教育委員会）
『鎌倉史跡散策』神谷道倫（かまくら春秋社）
『鎌倉事典』白井永二（東京堂出版）
『鎌倉の地名由来辞典』三浦勝男（東京堂出版）
『鎌倉へのいざない』大嶽真康（丸善プラネット）
『川西町史』（川西町）
『京都地名語源辞典』（東京堂出版）
『京の伝承を歩く』福田晃（京都新聞社）
『系図が語る世界史』歴史学研究会編（青木書店）
『県宝守矢文書を読む』細田貴助（ほおずき書籍）
『県宝守矢文書を読むⅡ』細田貴助（ほおずき書籍）
『國語國文研究　１５７号』北海道大学国語国文学会編
『古事記』倉野憲司校注（岩波書店）
『越と古代の北陸』小林昌二編（名著出版）
『古諏訪の祭祀と氏族』古部族研究会編（人間社）
『古代諏訪とミシャグジ祭政体の研究』古部族研究会編（人間社）
『三代実録』（吉川弘文館）

『十訓抄』新編日本古典文学全集51（小学館）
『信濃史料叢書　新編』（信濃史料刊行会）
『新発田郷土誌38号』（新発田郷土研究会）
『新発田市史』（新発田市）
『下諏訪町誌』（下諏訪町）
『上越市史』（上越市）
『続日本紀』（吉川弘文館）
『諸国の祭と芸能』宮尾しげを（三省堂）
『新海三社神社誌』井出舜
『新海三社神社と上宮寺』丸山正俊
『諏訪系神社の御柱祭』松崎憲三編（岩田書院）
『諏訪市史』（諏訪市）
『諏訪史料叢書　復刻』諏訪教育会編（中央企画）
『諏訪信仰史』金井典美（名著出版）
『戦国期足利将軍家の権力構造』木下昌規（岩田書院）
『先代旧事本紀』国史大系第7巻（吉川弘文館）
『仙台市史』（仙台市）
『太平記』（小学館）
『田村麻呂と阿弖流為』新野直吉（吉川弘文館）
『茅野市史』（茅野市）

『中世都市鎌倉を歩く』松尾剛次（中央公論新社）
『長野県町村誌　第2巻　東信編』昭和11年刊（長野県町村誌刊行会）
『長野県立歴史館研究紀要6号』（長野県立歴史館）
『日本書紀』日本古典文学全集（小学館）
『日本神道史』岡田莊司（吉川弘文館）
『能登名跡志』石川県図書館協会
『梅松論』国文叢書18（博文館）
『北陸の風土と歴史』浅香年木（山川出版社）
『万葉集』（小学館）
『康富記』史料大成第30（臨川書店）
『山形県史』（山形県）
『山形縣神社誌』昭和18年版（山形県）
『山形県の歴史』（山川出版社）
『雪国の宗教風土』宮栄二編（名著刊行会）
『龍蛇神』原直正（樹林舎）
『和名類聚抄』（臨川書店）

北沢房子

きたざわふさこ

1958年上田市生まれ。
出版社勤務の後、文筆家。
著書に『諏訪の神さまが気になるの』
第256世天台座主の『和顔愛語を生きる』(聞き書き)など。
長野市在住。

装幀
イラスト
中沢定幸

編集
山崎紀子

諏訪の神さまに会いに行く

－由緒と由来を知りたくて訪ね歩いた諏訪神社－

2024年５月23日　初版発行

著者　北沢房子
発行　信濃毎日新聞社
〒380-8546 長野市南県町657
TEL026-236-3377 FAX026-236-3096
印刷　大日本法令印刷株式会社

ISBN978-4-7840-7433-4 C0021

定価はカバーに表示してあります。
乱丁・落丁本は送料弊社負担でお取り替えいたします。